Arena Bibliothek des Wissens

Lebendige Biographien

Informationen zu Unterrichtsmaterialien unter
www. arena-verlag.de

Die Originalausgabe erschien 2006 unter dem Titel
»Edison come inventare di tutto e di più«

Für die deutsche Ausgabe:
12. Auflage 2023

Übersetzung aus dem Italienischen von Anne Braun
Coverillustration: Joachim Knappe
Fotos: Archivio Giunti
Gesamtherstellung: Westermann Druck Zwickau GmbH
ISBN 978-3-401-05587-9

www. arena-verlag.de
Mitreden unter forum.arena-verlag.de

Edison und die Erfindung des Lichts

Luca Novelli

Aus dem Italienischen
von Anne Braun

Thomas Alva Edison

Thomas Alva Edison wurde einmal bezeichnet als »der Mann, der die Zukunft erfand«. Er war es, der auf die Idee kam, Privathaushalte und Firmen mit elektrischem Strom zu versorgen, er erfand die Glühbirne und entdeckte, wie man die menschliche Stimme und auch Musik aufzeichnen und wiedergeben kann.
Dank ihm fanden Geräte wie Telefon und Radio in vielen Haushalten Einzug und haben das Leben von uns Menschen verändert.
Thomas Alva Edison reichte im Laufe seines Lebens über 1.000 Patente ein, verdiente Millionen und investierte den Großteil dieses Geldes gleich wieder in neue Erfindungen. Er war von der Idee beseelt, dass Wissenschaft und Technik die Lebensqualität aller verbessern sollten.
In diesem Buch berichtet Thomas Alva Edison von sich selbst und seinen Geistesblitzen, seiner Kindheit, seiner ungewöhnlichen Jugend, seinem Leben als Erfinder und seiner verblüffenden Arbeitsweise.

DIESES BUCH HANDELT VON ...

meiner Kindheit in der Zeit der Eroberung des »Wilden Westens« und von meinen Abenteuern in einer der ersten Eisenbahnen der Vereinigten Staaten.

Es geht um den Börsenticker, die erste Erfindung, mit der ich viel Geld verdiene und die bei den Börsianern in der Wall Street großen Anklang findet.

Ich finde ja diese Erfindung hier am tollsten: der Vorgänger der Plattenspieler und CD-Player.

Hier die wohl größte Erfindung meines Lebens: die Glühbirne, die noch zu eurer Zeit in jedem Haushalt zu finden ist.
Es geht in diesem Buch aber auch um die Liebe und um meine Familie sowie meine geniale und vielleicht auch schreckliche Arbeitsweise.

NA JA, VIELLEICHT ÜBERTREIBT ER!

Ich erzähle von meinen Freunden und Mitarbeitern und von der ungewöhnlichsten Ideenfabrik, die die Welt je gesehen hat.

Dank meiner tausend Ideen hat sich die Welt völlig verändert.
Zum Schluss gibt es noch ein kleines Wörterbuch mit vielen nützlichen Informationen rund um Technik und Erfindungen.

DIE WELT VON THOMAS ALVA EDISON

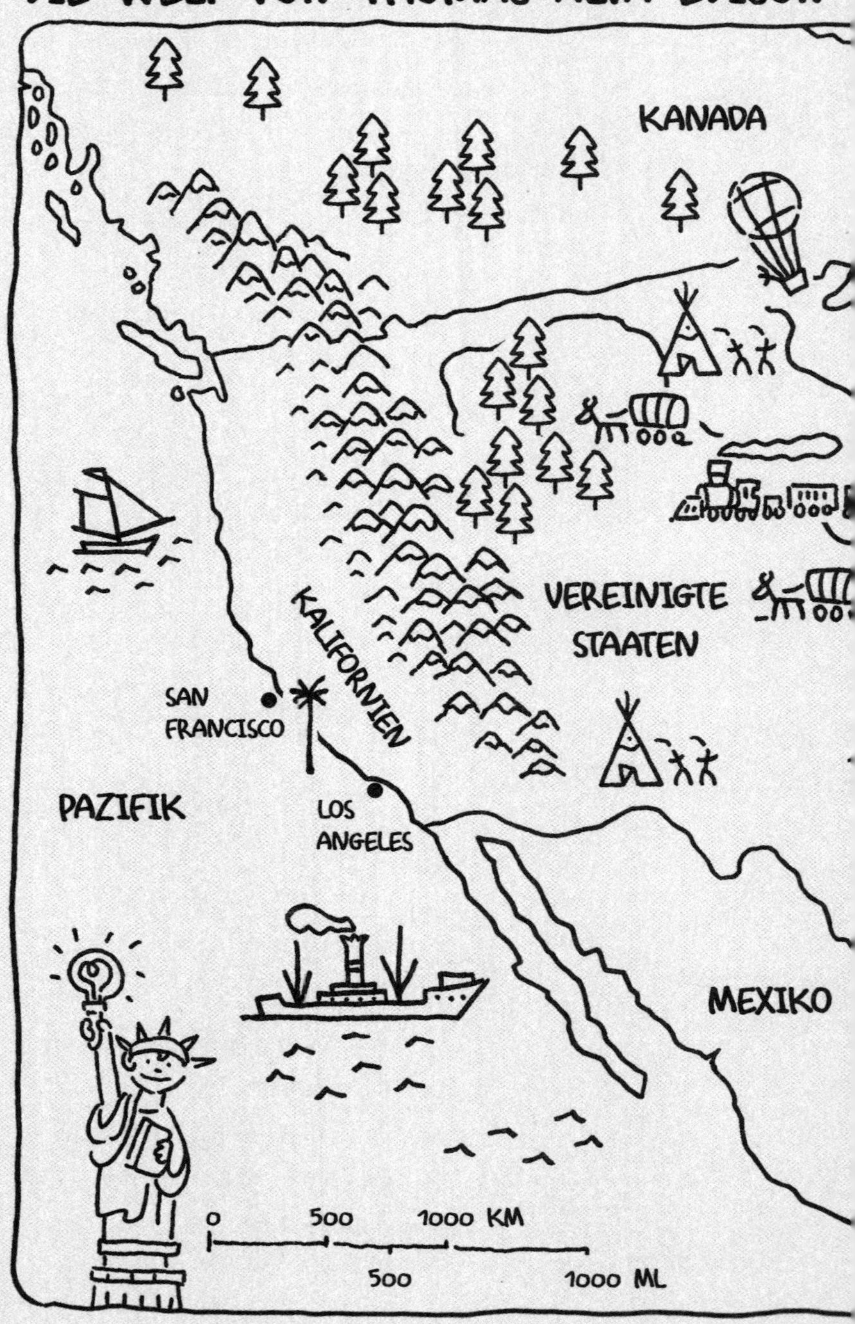

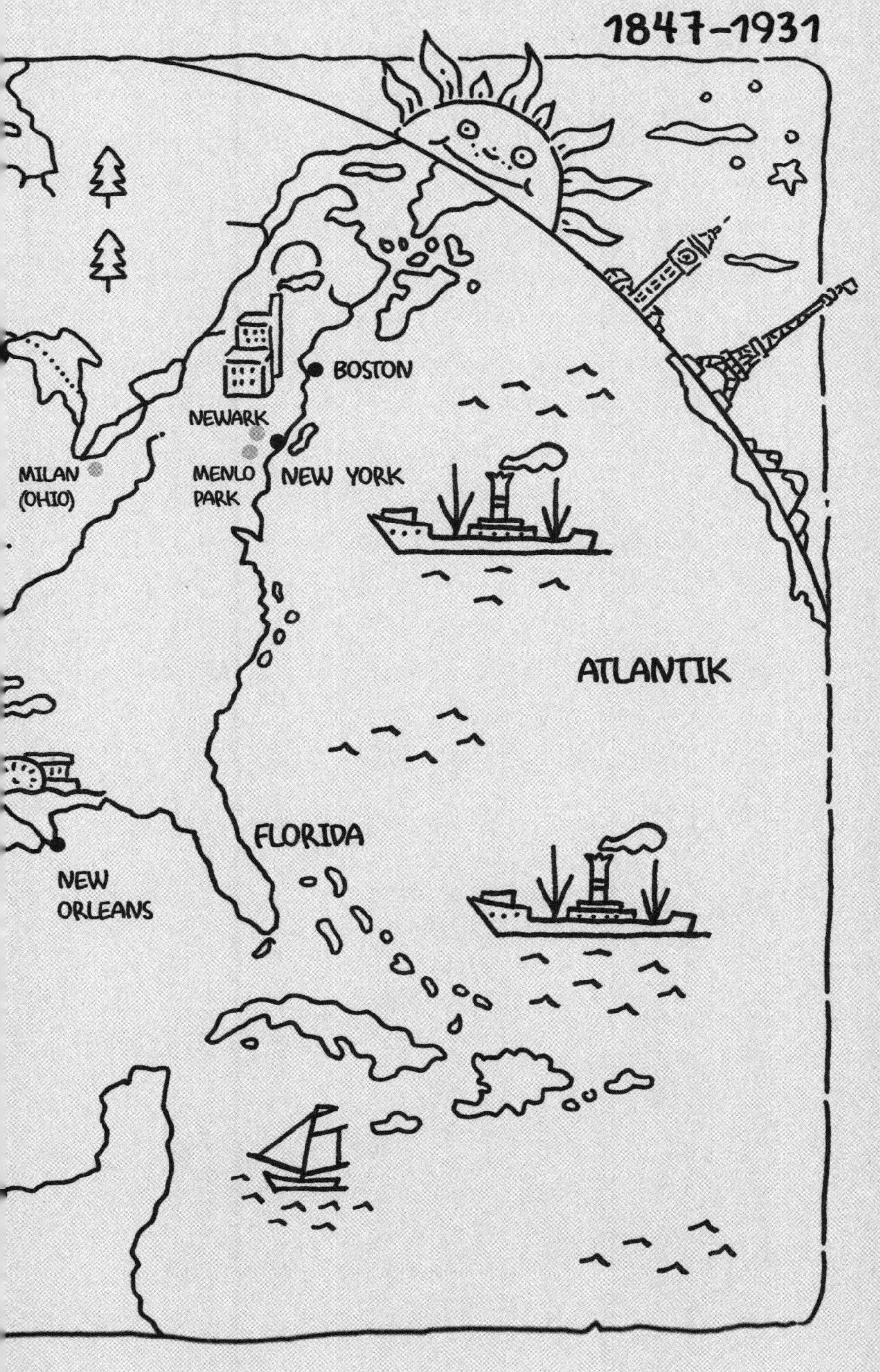
1847–1931
BOSTON
NEWARK
MILAN
(OHIO)
MENLO
PARK
NEW YORK
ATLANTIK
FLORIDA
NEW
ORLEANS

Thomas Alva Edison wird am 11. Februar 1847 in der Kleinstadt Milan in Ohio im Norden der Vereinigten Staaten von Amerika geboren.
Die Vereinigten Staaten sind noch längst nicht die Supermacht von heute, sondern eine sehr junge Nation, die sich in einer spannenden wirtschaftlichen und räumlichen Expansionsphase befindet. Vor wenigen Jahren wurde Texas eingegliedert und nach einem Krieg mit dem südlichen Nachbarland Mexiko wurden vor kurzem erst die Gebiete von Kalifornien und New Mexico erobert.
Die heutigen Landesgrenzen werden errichtet. Zwischen dem Atlantischen und dem Pazifischen Ozean liegen riesige Gebiete, in die die Weißen noch nicht vorgedrungen sind: der »Wilde Westen«, in dem Indianerstämme leben und der eine Art Grenze bildet.
Die Grenzen des jungen Edison sind allerdings ganz anderer Art.

1. ICH, THOMAS ALVA EDISON

Hi, ihr jungen Leute aus dem 21. Jahrhundert. Ihr könnt mich ruhig Al nennen, genau wie meine Eltern, Samuel und Nancy Edison. Herzlich willkommen in Milan, einer florierenden Kleinstadt, die später für ihre Segelboote berühmt werden wird.

Ich bin ein waschechter Yankee: Meine Familie besteht aus Amerikanern, die von Holländern abstammen, die um 1730 hierher gekommen sind und in New Jersey eine Farm bewirtschaftet haben.

In Milan gibt es noch viele Holzhäuser, die aussehen wie jene, die ihr aus den Wildwestfilmen kennt. Wir dagegen haben ein schmuckes Häuschen aus roten Backsteinen. Es hat nur ein Stockwerk, das Dachgeschoss und jede Menge Fenster. Es ist zwar recht klein, aber sehr gemütlich.

Ich bin der Jüngste von sieben Geschwistern. Zu Hause halte ich mich nur selten auf: Wir haben keinen Fernseher, keine Videospiele, einfach nichts! Abends sitzen wir aber alle zusammen vor dem offenen Kamin und dann findet sich immer jemand, der alte Familiengeschichten erzählt.

Wann immer ich kann, gehe ich an den Kanal und zum Hafen, von wo aus Weizen, Tabak und Baumwolle verschifft werden und Waren selbst aus Europa eintreffen.
Dank dieses Kanals ist Milan ein wichtiges Handelszentrum. Von hier aus fahren Lastkähne und Boote bis zum Eriesee und weiter nach New York und zum Atlantik.

Im Sommer baden wir Kinder auch gern in diesem Kanal, obwohl es ziemlich gefährlich ist.
In der umliegenden Gegend leben Delaware-Indianer, Irokesen und Shawnees, aber man sieht sie nur selten und außerdem sind sie recht friedlich.
In den großen Prärien westlich von uns leben hingegen sehr viele Indianer: die Cheyenne, die Sioux, die Kiowa … Und diese Stämme sind wild entschlossen ihr Gebiet gegen die weißen Eindringlinge zu verteidigen.
Trotzdem verlassen immer mehr Menschen die Staaten an der Atlantikküste und ziehen landeinwärts, um bis nach Kalifornien vorzudringen, das am Pazifik liegt. Eines Abends macht eine Gruppe von Pionieren vor unserem Haus Halt. Sie sind mit drei Karren unterwegs und ich belausche ihre Gespräche und erfahre von ihren Hoffnungen und Befürchtungen. Das hinterlässt bei mir einen tiefen Eindruck.

Der kleine Al Edison lebt in einer sich rasch verändernden Welt. Die Vereinigten Staaten wachsen von 13 auf über 30 Mitgliedsstaaten an, die Bevölkerung verdoppelt sich und die Verkehrsmittel erleben eine unerwartete Revolution. Aber noch sind das Pferd, Fuhrwerke und Ochsenkarren die meistverbreiteten Fortbewegungsarten.
Bis zur Mitte des 19. Jahrhunderts reist man am schnellsten auf dem Wasserweg mit Dampfschiffen. Doch dann bietet die Eisenbahn plötzlich ungeahnte Möglichkeiten. Im ganzen Land werden Schienen gelegt und dort, wo die Dampflokomotiven ankommen, entstehen neue Städte, neue Handelszentren und neue Arbeitsmöglichkeiten.

2. MEIN LEBEN KOMMT IN FAHRT

Mein Vater ist mit der ganzen Familie nach Port Huron in Michigan umgezogen.
Auch hier hat die Eisenbahn schon Einzug gehalten und man hofft, dass sie viele Arbeitsplätze mit sich bringen wird. Mein Vater ist ein ausgezeichneter Zimmermann und er handelt zudem mit Holz und Getreide. Ihr würdet ihn als Kleinunternehmer bezeichnen. Er ist ein optimistischer Mensch voller Ideen, die manchmal auch etwas verrückt sind.

Er hat einen sehr hohen Aussichtsturm gebaut, auf dem ein Fernrohr steht. Wer hochsteigen und sich die Gegend anschauen möchte, muss einen Vierteldollar Eintritt bezahlen.

In Port Huron gibt es eine Volksschule. Mein Vater hat mich angemeldet, aber ich bin kein guter Schüler. Der Lehrer sagt, ich sei ein Hohlkopf. Nach drei Monaten meldet meine Mutter mich wieder ab. Sie ist Lehrerin und will mich lieber selbst unterrichten. Dass ich später ein weltberühmter Erfinder werde, verdanke ich nur ihr. Sie bringt mir das Lesen bei, das zeitlebens meine große Leidenschaft bleibt. Ich lese als Jugendlicher alle Bücher der öffentlichen Bücherei von Detroit, Regal um Regal, egal, welcher Art und für welches Alter sie sind.

Das erste Buch, das ich geradezu verschlinge, heißt *Schule der Naturphilosophie.* Ich lese es mit neun Jahren, aber nicht etwa weil ich ein Genie wäre, sondern weil der Autor auf sehr verständliche Weise erklärt, wie man Heißluftballons, Dampfmaschinen, Schießpulver, Batterien, Leuchtgas und andere tolle Sachen herstellt.

Die Chemie wird mein großes Hobby und ich richte mir im Keller ein Labor ein, in dem ich alle möglichen Experimente mache. Aber ich brauche auch Materialien und Apparate. Tja, woher das Geld nehmen? Ich verkaufe auf dem Markt Gemüse aus Vaters Landwirtschaft, doch das reicht nicht.

Als ich das Angebot erhalte, als Zeitungsverkäufer in der Grand-Trunk-Eisenbahn, die von Port Huron nach Detroit fährt, zu arbeiten, brauche ich nicht lange zu überlegen. Zum Glück sind meine Eltern einverstanden.

Dies ist Abraham Lincoln (1809–1865), der 16. Präsident der Vereinigten Staaten. Er sieht sich bei seinem Amtsantritt 1860 mit der schlimmsten Krise in der Geschichte seines Landes konfrontiert. Die Staaten im Norden und jene im Süden haben sehr unterschiedliche Interessen und Vorstellungen. In den landwirtschaftlich geprägten Südstaaten gibt es die Sklaverei und tausende von Schwarzen müssen auf den Baumwollfeldern schuften. Die industriellen und demokratischeren Nordstaaten wollen die Sklaverei abschaffen. Dieser Konflikt – ausgerechnet in einem Land, das sich bei seiner Gründung auf die Freiheit des Einzelnen berufen hat – führt 1861 zur Abspaltung der Südstaaten und folglich zu einem schrecklichen Bürgerkrieg zwischen Nord und Süd, dem Sezessionskrieg.
Der junge Edison lebt weit entfernt von der Kriegsfront und den Gräueln, doch in den Zeitungen, die er Tag für Tag verkauft, wird ausführlich darüber berichtet.

3. VOM ZEITUNGSVERKÄUFER ZUM REPORTER

Ich gebe zu, dass ich sehr viel arbeite, aber mein Job macht mir Spaß. Ich fahre im Zug zwischen Detroit und Port Huron hin und her. Diese Strecke ist 63 Meilen lang, also etwas mehr als 100 Kilometer. Könnt ihr euch vorstellen, dass man für diese Reise vor Erfindung der Eisenbahn zwei oder drei Tage gebraucht hat? Wir fahren am Morgen los und kommen am Abend zurück. In einem Güterwaggon liegen meine Zeitungen, die ich im Zug und an den Haltestellen verkaufe. Ich bin überglücklich, als mir der Zugführer erlaubt in diesem Waggon auch ein kleines Labor einzurichten.

Im Gegenzug beliefere ich die Frauen der Eisenbahner mit billigem Obst, Butter oder Beeren, die ich unterwegs direkt von Bauern einkaufe. Aber all das verdiente Geld geht für die Kosten meines fahrenden Labors drauf.

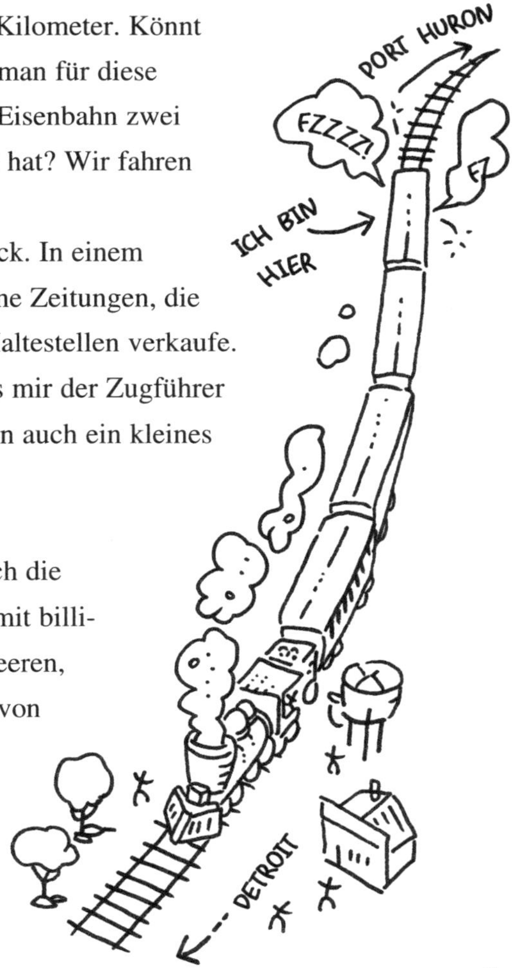

Die Apparate und Chemikalien, die ich für meine Experimente brauche, verschlingen sehr viel Geld. Deshalb vergrößere ich mein Geschäft und eröffne in Port Huron zwei kleine Obst- und Gemüseläden, die ich zweien meiner Freunde anvertraue.

Als der Sezessionskrieg ausbricht, steigt der Verkauf meiner Zeitungen rapide an. Alle haben Verwandte und Freunde, die im Krieg sind, und wollen alles über der Ausgang der Schlachten erfahren.
Manchmal reichen die Zeitungen, die ich bei mir habe, nicht aus. Also erhöhe ich den Preis, verdopple und verdreifache ihn … Tja, so ist nun mal das Gesetz von Angebot und Nachfrage, oder?

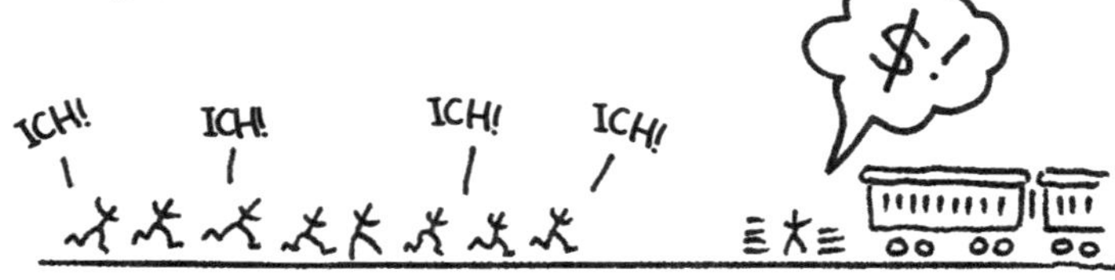

Zu guter Letzt gründe ich meine eigene Zeitung, eine Wochenzeitung, den *Weekly Herald.* Die Artikel schreibe und setze ich selbst und drucke die Zeitung auch gleich im Zug, auf einer kleinen Druckerpresse.

Einmal, in Frazer, Michigan, verpasse ich den Zug. Ich renne ihm nach und klammere mich an den letzten Waggon. Ich schwebe in großer Gefahr, bis mich ein Schaffner an den Ohren packt und hochzieht. Allerdings trage ich dabei einen Hörschaden davon. Im Laufe meines Lebens wird mein Gehör immer schlechter, bis zur fast völligen Taubheit.

Eines Tages passiert mir eine Riesendummheit: Während meiner Arbeit im Labor fällt mir ein Phosphorstäbchen auf den Boden. Sofort steht der Waggon in hellen Flammen. Der Zugführer ist stinksauer und setzt mich gleich an der nächsten Haltestelle an die frische Luft, mitsamt meinen Habseligkeiten:

dem Chemielabor, der Druckerpresse, allem … Auweia, ich glaube, ich muss mich nach einem neuen Job umsehen.

Dieser Schaffner schließt sein Gerät an einen Telegrafenmasten an, um Hilfe zu rufen.

Oberhalb und entlang der Schienen verlaufen die Leitungen dieses neuen Kommunikationsmittels, durch die elektrischer Strom fließt. Dank eines einfachen Codes, erfunden von Samuel F. B. Morse (1791–1872), ist der Telegraf alltagstauglich geworden. Jeder Buchstabe des Alphabets wird in eine Reihe von elektrischen Impulsen umgewandelt, kurze (Punkt) und lange (Strich). Man muss also nur eine einzige Taste drücken und kann so auch komplexe Nachrichten übermitteln. Auch auf den kleinsten Bahnhöfen Amerikas gibt es bald ein Telegrafenamt.
In einem dieser Ämter erlernt der junge Al Edison einen neuen Beruf.

4. MEIN LEBEN MIT DRÄHTEN

Es passiert im August des Jahres 1862. Am Bahnhof von Mount Clemens läuft das Kind des Bahnhofsvorstehers über die Gleise, als gerade ein Zug einläuft. Ich kann es im letzten Moment noch packen und wegreißen. Unter uns gesagt – es war eigentlich keine große Heldentat. Ich habe nur getan, was jeder getan hätte. Doch der Bahnhofsvorsteher überschlägt sich fast vor Dankbarkeit und macht mir ein großes Geschenk: Er weiht mich in die Geheimnisse der Telegrafie ein.

Kaum habe ich meinen ersten Arbeitsplatz bei der Eisenbahn verloren, schon habe ich einen neuen Job.

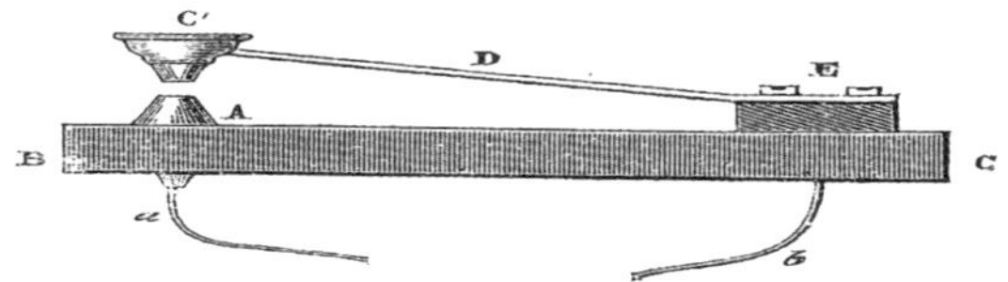

Mit erst sechzehn Jahren bin ich schon ein Experte in dieser neuen Technologie: Ich habe sogar eine Telegrafenlinie zwischen meinem Haus und dem meines besten Freundes gelegt. Und ich beschließe meine Fähigkeiten denen anzubieten, die am meisten bezahlen: Zeitungen, Firmen, Handelsunternehmen … eben überall dort, wo man einen guten Telegrafen braucht, einen Fachmann für Hard- und Software, wie ihr sagen würdet. Ich arbeite auf eigene Faust und reise überallhin, wo ich gebraucht werde. Gute Telegrafen sind sehr gesucht. Ich arbeite hauptsächlich im Süden und im Mittleren Westen der USA. Ich kann unheimlich schnell morsen und Nachrichten entschlüsseln. Nicht selten geht es um Ereignisse, die in die Geschichte eingehen. Sehr viele Nachrichten betreffen den Kongress, die Regierung der Vereinigten Staaten. Als ich die Verhandlungsberichte verfolge, kommt mir eine Idee, wie man die Dauer der endlosen Abstimmungen verkürzen könnte.

Als ich gerade in Boston bin und für die *Western Union Telegraph Company* arbeite, reiche ich das erste meiner insgesamt 1.093 Patente ein: den elektrischen Stimmenzähler.

Mein Stimmenzähler ist ganz einfach und sehr praktisch: Jeder Abgeordnete hat zwei Schalter vor sich, mit denen er abstimmen kann: Ja oder Nein. Ein elektrischer Draht übermittelt das Signal an ein Gerät, das – auf einem chemisch bearbeiteten Papier – den Namen des Wählers und seine Entscheidung ausdruckt. Ich finde meine Idee sehr gut, doch als ich sie präsentiere, kommt es fast zu einem Skandal. Später sind diese elektrischen Zähler aus den Parlamenten nicht mehr wegzudenken.

Ich bin 20 und etwas frustriert. Aber die Lust am Erfinden ist mir noch lange nicht vergangen!

Pah, ich werde meine Erfindungen dort verkaufen, wo die Entwicklung am schnellsten voranschreitet und wo die aufgeklärtesten Köpfe sitzen. Ich ziehe nach New York!

So sieht New York, der so genannte »Big Apple«, zu Zeiten des jungen Edison aus. Es gibt noch keine Wolkenkratzer, kein einziges Auto! Pferdekutschen und -karren prägen das Straßenbild, selbst die öffentlichen Straßenbahnen werden von Pferden gezogen. Die Häuser sind niedrig und fast überall gibt es noch Grünflächen und Felder. In dieser aufstrebenden Stadt prallen großer Reichtum und erschreckende Armut aufeinander.
Innerhalb der nächsten Jahrzehnte werden große Umwälzungen stattfinden. Und das liegt unter anderem auch an Edisons Erfindungen.

5. DIE GROSSE CHANCE

Ich habe Hunger und keinen Cent in der Tasche. Ich weiß nicht einmal, wo ich heute Nacht schlafen werde. Das Wasser läuft mir im Mund zusammen, als ich die Schaufenster der Geschäfte betrachte. Unter diesen Umständen macht New York keinen Spaß.

In meiner Not wende ich mich an zwei befreundete Telegrafen, die hier in New York arbeiten. In unserer Branche kennt man sich und hilft sich auch mal gegenseitig, wenn möglich.
Der erste leiht mir einen Dollar, mit dem ich mir sofort etwas zu essen kaufe. Der zweite, Franklin L. Pope, arbeitet als Ingenieur in der Broad Street, bei der *Gold Indicator Company*. Er lässt mich in seinem Büro übernachten. Es ist nicht das erste und gewiss auch nicht das letzte Mal, dass ich auf einem Schreibtisch schlafe.

Franklin ist ein wahrer Freund. Er bietet mir ein paar Gelegenheitsarbeiten an, die ich gerne annehme. Das ist zumindest ein Anfang.

Ich stelle fest, dass ich der richtige Mann am richtigen Ort bin. Die *Gold Indicator Company* ist der finanzielle Nabel der Nation. Jede Minute veröffentlicht sie die aktuellsten Gold- und Silberkurse. Über Telegrafen steht sie mit Maklern im ganzen Land in Verbindung.

Eines Tages fällt der telegrafische Goldkursanzeiger in der Zentrale der Firma aus. Hunderte von Mitarbeitern bekommen keine Informationen mehr. Die Direktoren sind ratlos. Ich aber finde den Fehler und innerhalb kurzer Zeit funktioniert das System wieder. Ich werde an Ort und Stelle eingestellt, und das von einer der angesehensten Firmen Amerikas!

Bald mache ich mich aber als Erfinder selbstständig. Meine nächste Erfindung ist ein verbesserter Börsenkurstelegraf oder »Börsenticker«. Ich nenne ihn Edison Universal Stock Ticker. Den werden über kurz oder lang alle Börsen und Finanzbüros in Amerika und Europa benutzen. Damit kann man Buchstaben und Zahlen drucken. Ich lasse ihn patentieren und biete ihn der *Western Union* an.

Als ich meine Erfindung vorstelle, rechne ich insgeheim mit ungefähr 5.000 Dollar Honorar. Aber während ich noch zögere, mit meiner vielleicht unverschämten Forderung herauszurücken, wird mir eine wesentlich höhere Summe angeboten.

Das haut mich fast um.

Al Edison ist nicht der einzige große Erfinder in New York. Doch nur wenige haben so viel Glück und so viel Geschick darin, Geldgeber und Käufer für ihre Erfindungen zu finden wie er.
Ebenfalls in New York lebt der Italiener Antonio Meucci (1808–1896), der seit längerem an einem revolutionären Projekt arbeitet: dem »sprechenden Telegrafen«, für den er im Jahre 1871 ein vorläufiges Patent anmeldet. Es handelt sich um den ersten Vorläufer des Telefons.
Doch weil er nicht genügend Geld hat, um sein Patent zu verlängern, und auch keine Sponsoren überzeugen kann, verliert Meucci 1873 jedes juristische Anrecht auf seine Idee. Alexander Graham Bell (1847–1922) wird schließlich das entscheidende Patent anmelden und die Grundlage für den späteren industriellen Erfolg des Telefons legen. Antonio Meucci stirbt als armer Mann in Long Island, New York. Erst im Jahre 2001 wird der Kongress der USA offiziell erklären, dass Meucci der geistige Vater einer der revolutionärsten Erfindungen des 20. Jahrhunderts war.

6. GLÜCK, ARBEIT … UND LIEBE

Um 1870 sind 40.000 Dollar eine Menge Geld, damit könnte man ein halbes Dorf kaufen. Aber ich werfe keinen Cent davon aus dem Fenster, sondern gründe damit eine Werkstatt in New Jersey, in Newark (nicht weit von New York). Es ist ein großes Gebäude mit vier Stockwerken. Hier können bis zu 150 Personen arbeiten.

Wir produzieren und verkaufen Börsenticker und Zubehör für die Telegrafie. Doch mein Hauptinteresse gilt der Forschung. Ich will die Telegrafie unbedingt noch weiterverbessern und denke viel über neue Erfindungen nach. Ich suche nach einer Möglichkeit, um mehrere Nachrichten gleichzeitig über dieselbe elektrische Leitung schicken zu können. Meine Arbeitsweise ist schon legendär geworden. Ich kümmere mich nicht um offizielle Arbeitszeiten oder Konventionen. Schlaf brauche ich zum Glück nur wenig. Mal schlafe ich ein paar Stunden zu Hause, oft aber auch im Labor oder auf dem Schreibtisch.

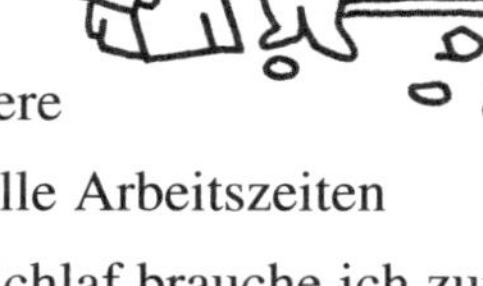

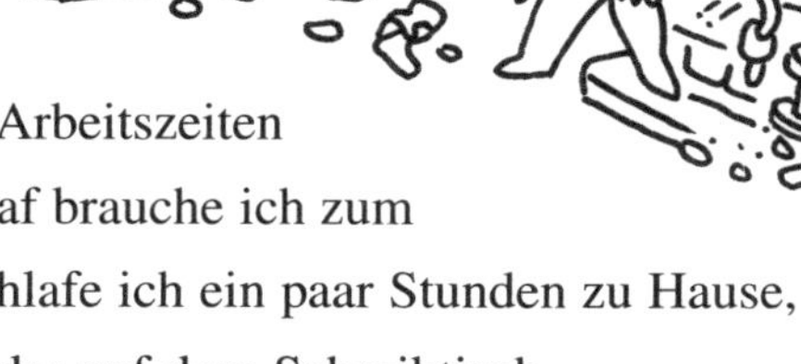

Unter meinen Mitarbeiterinnen ist ein bildhübsches Mädchen, die 16-jährige Mary Stillwell. Ich arbeite zwar fast ununterbrochen, aber ab und zu wechseln wir mal einen kurzen Blick. Und ich verliebe mich. Das heißt, wir beide verlieben uns, denn als ich Mary frage, ob sie mich heiraten will, sagt sie Ja.

An Weihnachten des Jahres 1871 heiraten wir. Zusammen mit unseren Verwandten und Freunden feiern wir ein großes Fest. Aber weil im Labor gerade ein Experiment läuft, muss ich die fröhliche Feier und meine verdutzte Braut verlassen.

Erst kurz nach Mitternacht bin ich wieder zu Hause.

Ich beschäftige mich immer weniger mit der Produktion, sondern sehr viel mehr mit neuen Erfindungen, wie zum Beispiel dem Quadruplex-System, einem Verfahren, mit dem man vier Nachrichten gleichzeitig durch eine einzige Telegrafenleitung schicken kann.

Die Telegrafengesellschaften können damit Millionen von Metern an Leitungen sparen und zeigen großes Interesse.
Ich entwickle auch die erste funktionsfähige Schreibmaschine und einen Telegrafenapparat, der Pläne empfangen und senden kann.

Meine Firma wächst und wächst und ich merke, dass wir mehr Platz brauchen. Deshalb überlege ich mir, ein neues, größeres Forschungslaboratorium bauen zu lassen.

Abgesehen von der Telegrafie, wird die Elektrizität in Al Edisons jungen Jahren nur wenig praktisch genutzt. Fast alles funktioniert mit Dampfmaschinen, wie zum Beispiel dieses merkwürdige Automobil, das die halsbrecherische Geschwindigkeit von 20 Stundenkilometern erreicht!
Auch Kühlschränke und große Maschinen zur Herstellung von Eiswürfeln arbeiten mit Motoren, die mit Dampf betrieben werden. Selbst der erste Computer, erfunden von dem Engländer Charles Babbage (1792–1871) und als Rechenmaschine konzipiert, wird mit einer Dampfmaschine betrieben, ähnlich der einer Lokomotive, die mit Kohle oder Holz arbeitet.
Doch das alles wird bald ein Ende haben – unter anderem dank Edison.

7. DIE FABRIK DER ERFINDUNGEN

Willkommen in Menlo Park, meinem neu erbauten Forschungslaboratorium.
Auf den ersten Blick sieht es aus wie eine Fabrik irgendwo im Grenzgebiet, umgeben von einem Lattenzaun. Die Anlage besteht aus mehreren Gebäuden aus Holz und das Hauptgebäude hat eine schöne Veranda, auf der man an warmen Sommerabenden sitzen und plaudern kann. Mein Vater hat die Bauarbeiten beaufsichtigt und seine langjährige Erfahrung kam mir sehr zugute.
Menlo Park wirkt vielleicht etwas ländlich und bescheiden, doch ich bezweifle keinen Augenblick, dass es das wichtige Forschungszentrum der USA werden wird.
Das Bauland war recht billig und hat zudem den Vorteil, dass es nicht weit von New York entfernt ist. Ich brauche den Platz und die Ruhe, die man in der Stadt nicht findet, kann aber trotzdem schnell dort sein, um Geschäftsleute zu sehen. Hier werden meine Mitarbeiter und ich neue Möglichkeiten für die Anwendung der Elektrizität austüfteln.

Dort, wo ich meine Experimente durchführe, herrscht natürlich Chaos: elektrische Apparaturen, Behälter mit Chemikalien und Bücher, Unmengen von Büchern. Beim Lesen hatte ich schon so manche gute Idee.

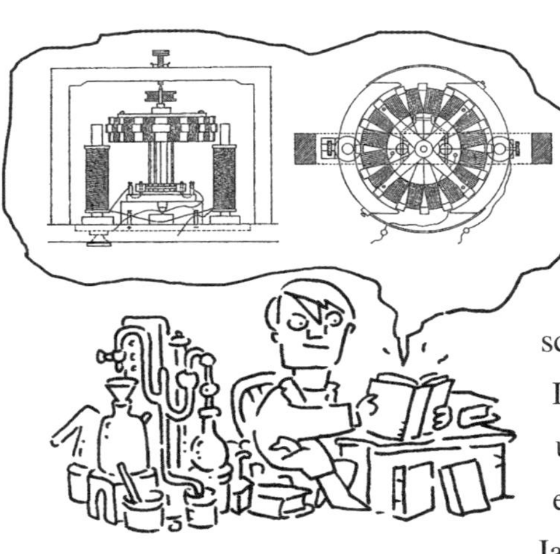

In meinem Laboratorium liegen massenhaft Sachen herum: Versuchsmodelle von Motoren, Generatoren, Batterien, elektrische Vorrichtungen ... Ich arbeite unglaublich viel und habe kaum Zeit für ein Privatleben. Vor drei Jahren kam meine erste Tochter zur Welt, Marion Estelle Edison, kurz »Dot« – Punkt genannt. Und dieses Jahr, 1876, bekam ich einen Sohn, Thomas Alva Junior, der den Spitznamen »Dash« – Strich erhält.

Dot und Dash nennt man in der Sprache der Telegrafen Punkt und Strich – die beiden Zeichen, aus denen der Morsecode besteht.

Meine Frau ist nicht ganz glücklich. Menlo Park liegt auf dem Land und sie fühlt sich etwas isoliert. Auch nachts hat sie Angst und deshalb schläft sie stets mit einer Pistole unter dem Kissen.

Okay, ich gebe es zu, meistens esse und schlafe ich in meinem Laboratorium.
Aber so allmählich wird es besser. Immer mehr Gäste und Besucher kommen vorbei.

Meine Mitternachtsdinner werden berühmt: Ich lasse Orgelspieler und Sänger auftreten.

Aber sobald die Gäste nach Hause gehen, eile ich wieder zu meiner Arbeit.

Alexander Graham Bell (1847–1922) gebührt ein großer Verdienst: Er sorgt dafür, dass das Telefon zu einem gebrauchsfähigen Alltagsgegenstand wird. Er reist durch die USA und Europa und hält Vorträge darüber, wie sein Apparat die Welt der Kommunikation verändern kann. Anfangs ist das Telefon allerdings ein mäßiger Erfolg, denn Bells erste Modelle lassen noch sehr zu wünschen übrig. Empfang und Verstärkung sind miserabel. Doch dieses Problem wird Al Edison bald lösen.

8. MEINE SPRECHAPPARATE

Mein größter Kunde ist nach wie vor die große Telegrafengesellschaft *Western Union.* Sie hat angefragt, ob ich eine Erfindung, von der alle Welt spricht, nicht entscheidend verbessern kann: den elekt-rischen Sprechapparat von Alexander Graham Bell. Ich habe ihn ausprobiert. In der Tat kann man kaum verstehen, was am anderen Ende der Leitung gesagt wird. Bei mehreren Kilometern Entfernung hört man so gut wie gar nichts mehr. Da ich selbst schwerhörig bin, weiß ich, wie wichtig gutes Hören ist.

Als Erstes teile ich das System, sodass Sprechen und Hören getrennt sind. Das finde ich ganz wichtig. Bei Bells Telefon muss man fast Kopfstände machen, um durch dieselbe Öffnung zu sprechen und zu hören. Ich erfinde das Kohlekörnermikrofon zur Umwandlung der gesprochenen Nachricht in ein elektrisches Signal und baue noch eine Batterie ein, die das Signal zusätzlich verstärkt. Dadurch erziele ich auch über größere Entfernungen hinweg einen guten Empfang. Dem Telefon von Bell bieten sich somit bessere Chancen. Selbst die zu eurer Zeit üblichen Telefone beruhen noch auf diesen beiden Verbesserungen.

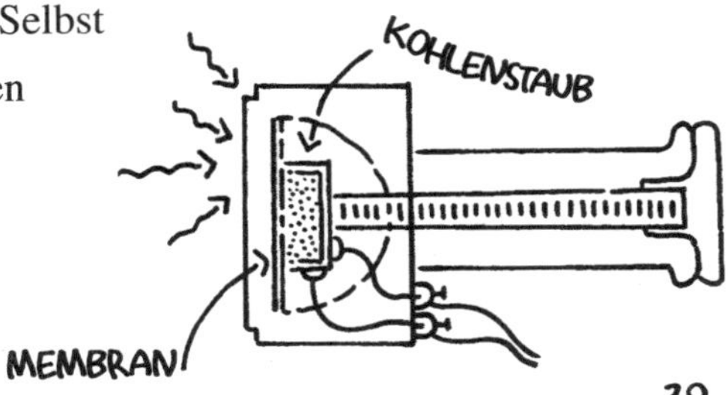

Wie üblich führt eins zum anderen. Das Telefon bringt mich auf eine großartige Idee: Wenn ein Gerät die Stimme künstlich übermitteln kann, könnte man dann nicht auch gesprochene Worte und Töne aufzeichnen und nach Lust und Laune wiedergeben? Aber klar doch! Man muss nur wissen, wie!

Ich entwerfe ein kleines Gerät, bestehend aus einer Walze, die mit einer Handkurbel gedreht wird. Davor steht ein Trichter, der mit einer dünnen Membran abgeschlossen ist. Auf der Walze liegt ein Blatt Stanniolpapier, auf das die Schallwellen, die Vibrationen der Membran, mittels einer Nadel aufgezeichnet werden.

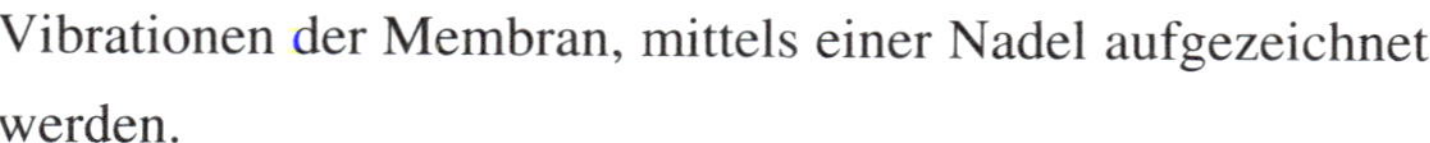

Den Entwurf lege ich einem Handwerker vor. Die Herstellung kostet mich 18 Dollar.

Ich bin sehr gespannt: Als ich das Gerät abhole, prüfe ich es, indem ich ein kleines Liedchen singe …

Das Gerät gibt meine Worte absolut verständlich wieder. Der Handwerker und ich sind beide begeistert.

So entsteht der erste Phonograph, das Vorgängermodell aller modernen Geräte zur Aufnahme und Wiedergabe von Tönen. 1878 melde ich das Patent dafür an. Natürlich denke ich sofort darüber nach, auf welch vielfältige Weise diese Erfindung genutzt werden kann: zum Aufnehmen und Abspielen von Musik, zum Aufzeichnen von Diktaten und Familienerinnerungen, Sprachen und Dialekten, zum Erlernen einer perfekten Aussprache; Briefe könnten in Zukunft gesprochen werden …

Ich erhalte eine Einladung in unsere Hauptstadt Washington, um mein Gerät dort dem Präsidenten und einigen wichtigen Wissenschaftlern vorzuführen. Dieses Foto wurde bei diesem Anlass gemacht.

Im 19. Jahrhundert gehen die meisten Menschen nach Sonnenuntergang ins Bett. Ansonsten muss man eine Kerze oder Petroleumlampe anzünden, um etwas Licht zu haben. Nur in den Großstädten gibt es Gasbeleuchtung.
Seit der Italiener Alessandro Volta (1745–1827) 1800 das Prinzip der Batterie erfunden hat, wird versucht praktische elektrische Glühlampen zu erfinden, doch vergeblich. Niemand bringt eine solche Lampe länger als ein paar Sekunden zum Leuchten. Elektrische Bogenlampen spenden zwar sehr viel Licht, können aber nur für Scheinwerfer oder im Freien benutzt werden. Was benötigt wird, ist eine kleine Lichtquelle, die nicht viel Strom verbraucht.
In seinem Laboratorium sucht Edison nach einer Lösung; nicht zuletzt auch deshalb, weil er nicht einmal im Traum daran denkt, mit den Hühnern schlafen zu gehen.

9. DIE ERFINDUNG DES LICHTS

Zwei Nächte in Folge habe ich kein Auge zugemacht, ebenso wenig wie meine Mitarbeiter. Wir sind wach geblieben, um zu sehen, wie lange unsere Glühlampe brennt – es waren ganze 40 Stunden! Wir brüllen vor Begeisterung!
Die Glühlampe besteht aus einem luftleeren Glaskolben. Im Inneren habe ich einen verkohlten Baumwollfaden eingeschweißt und den Kolben zugeschmolzen. Und dann habe ich das Ganze an Strom angeschlossen. Die Lampe hat den Raum fast zwei Tage lang ununterbrochen erleuchtet, ohne dass der Glühfaden verbrannt wäre. Es funktioniert! Es ist möglich!

Jetzt bin ich davon überzeugt, dass man auch eine Glühlampe herstellen kann, die hunderte von Stunden lang brennt.
Ich werde die Lebensgewohnheiten der Menschen auf den Kopf stellen … und auch ihre Schlafgewohnheiten!

Meine zahlreichen Experimente, die letztendlich zur Erfindung der Glühlampe führten, haben mich tausende von Dollar und tausende von Arbeitsstunden gekostet. Ich habe wirklich alles probiert – als Glühfaden mussten einmal sogar die roten Barthaare meines Mitarbeiters Mackenzie herhalten. Doch Ende gut, alles gut. Ich habe nicht nur eine neue Leuchte erfunden, sondern ein funktionierendes System. Mit meiner Glühlampe wird man ganze Städte erhellen können!

Dazu muss ich eine Reihe von Dingen entwickeln:
Generatoren, die preisgünstig Strom erzeugen, regelbare elektrische Widerstände, Zähler, Schalter, Sicherungen, Lampenschirme, unterirdische und oberirdische Leitungen, Abzweigungen und alles mögliche Zubehör, einschließlich … Isolierband. Anfangs bestand die Zuleitung nur aus einem Kupferdraht, den ich jedoch mit einem Isolierstoff überziehen musste.

Wir besitzen nun hier in Menlo Park die erste elektrische Beleuchtungsanlage der Geschichte: 25 Glühlampen erhellen das Laboratorium, acht die Büroräume und weitere 20 die umliegenden Straßen. Offiziell will ich das Ganze an Silvester 1879 einweihen.
Es wird der aufregendste Jahresbeginn meines Lebens werden!

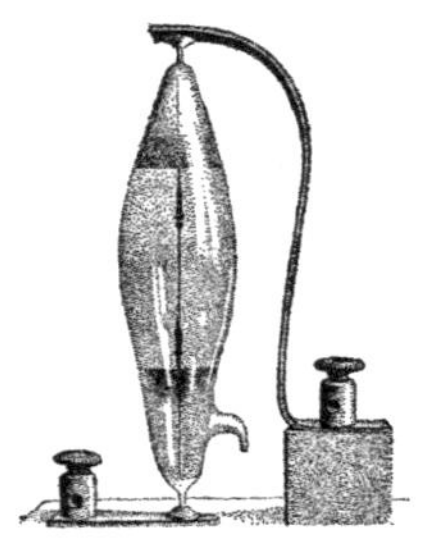

Al Edison ist nicht der einzige Erfinder auf der Welt, der sich für Glühlampen interessiert. In England ist Joseph Wilson Swan (1828–1914), der hier als alter Mann zu sehen ist, seit Jahren damit beschäftigt. Auch er ist ein talentierter Erfinder, der kurze Zeit, nachdem Edison sein Patent eingereicht hat, eine etwas andere Leuchte patentieren lässt, die einen langlebigeren Glühfaden und eine bessere Fassung hat. Edison verklagt Swans Firma wegen Patentsverletzung. Doch dann einigen sich die Parteien gütlich und die beiden Herstellerfirmen von Glühlampen gründen im Oktober 1883 gemeinsam die Edison & Swan United Electric Light Company Limited *mit einem Firmenkapital von einer Million englischen Pfund.*

10. DER ZAUBERER VON MENLO PARK

Allein mit Erfinden ist es nicht getan, glaubt mir! Man muss sein Produkt auch präsentieren, veröffentlichen, ein Netz von Beziehungen aufbauen und vor allem das nötige Kapital auftreiben. In der Silvesternacht 1879 öffne ich die Tore von Menlo Park für Besucher. 3.000 Menschen strömen herbei, eine riesige Schar: Männer, Frauen, junge Leute, Arbeiter, Bauern, Bankiers, Börsenmakler, zu Pferd, zu Fuß, mit Karren und Kutschen. Aus New York kommen mehrere Sonderzüge mit Menschen, die das bestaunen wollen, was ein Journalist als »achtes Weltwunder« bezeichnet hat: die Fabrik der Erfindungen, beleuchtet von dutzenden elektrischer Glühlampen. Alle sind sehr beeindruckt, als sie sehen, dass man nur einen Schalter betätigen muss und schon sind nicht nur das Laboratorium und meine Büroräume taghell, sondern auch mein Wohnhaus und alle Gebäude und Straßen in unmittelbarer Umgebung des Elektrizitätswerks.

Da die Vorführung an Silvester ein so großer Erfolg ist, organisiere ich weitere, immer ausgefallenere Veranstaltungen dieser Art. Inzwischen nennt man mich den Zauberer von Menlo Park.

Im Frühling 1880 weihe ich in Menlo Park eine kleine elektrische Eisenbahn ein. Es ist die Vorgängerin aller Straßenbahnen und Züge des 20. Jahrhunderts.

EDISON-SCHRAUBGEWINDE

Nicht alle glauben, dass meine Glühlampe eine große Zukunft hat. Stellt euch vor, dass man sie auch »Edison-Verbrenner« nennt! Doch auf alle Fälle habe ich genügend Investoren gefunden, um eine neue Fabrik aufzumachen und die Forschungen fortzuführen.

1881 kehre ich nach New York City zurück und eröffne ein Büro in der Fifth Avenue Nummer 65. Tag für Tag treffe ich mich hier mit Direktoren der verschiedenen Firmen, die ich in den letzten Jahren gegründet habe. Die bedeutendste ist die *Edison Electric Light Company,* die Glühlampen herstellt. Weitere Fabriken produzieren Maschinen, Generatoren, Leitungen, Schalter und andere Komponenten, die man zur Stromversorgung braucht. Eine stellt sogar sprechende Puppen her. Alles Dinge, die ich patentieren lasse.

Um 1880 werden in New York, London, Paris und den meisten anderen Großstädten der westlichen Welt die Straßenlaternen mit Gas betrieben.
Leuchtgas erhält man durch Entgasung von Steinkohle und es wird über ein Leitungsnetz zu den jeweiligen Laternen geleitet, die jeden Abend einzeln angezündet werden müssen.
Große Firmen sind für die öffentliche Straßenbeleuchtung zuständig.
Um sein elektrisches System durchzusetzen, muss Al Edison etliche Hindernisse überwinden. Doch die Tatsache, dass der elektrische Strom sehr einfach, praktisch und nützlich ist, lässt ihn letzten Endes den Sieg davontragen.

11. MEIN ERSTES ELEKTRIZITÄTSWERK

Alles scheint so einfach zu sein. Man muss nur einen Schalter betätigen und schon gehen die Lichter an: eins, zwei Millionen Lichter in einer Großstadt. Die von Dampfmaschinen angetriebenen Generatoren liefern die Energie, die mit einer bestimmten Spannung durch die Leitungen geschickt wird, der Strom erreicht die Lampen und die Glühlampen gehen an. Hurra!

Aber als ich damit beginne, das Elektrizitätswerk für die Stadt New York zu entwerfen, muss ich bei null anfangen und habe keine Ahnung, welche gewaltigen Probleme auf mich zukommen werden. Bauen lasse ich das Elektrizitätswerk in der Pearl Street Nummer 255–257 in Manhattan. Jeden Tag tauchen neue Schwierigkeiten auf.

Der Bankier J. P. Morgan, mein Gesellschafter, hat eine horrende Summe in das Unternehmen investiert. Wenn die Anlage nicht wie geplant läuft, wird er restlos ruiniert sein.

Am 4. September 1882 liefern die sechs riesigen Generatoren in der Pearl Street endlich elektrische Energie. Meine Mitarbeiter haben sie »Jumbos« getauft. Ein passender Name, denn sie sind tatsächlich so groß wie Elefanten. Und sie wiegen noch mehr: jeder einzelne 27 Tonnen! In Manhattan beginnt die Ära des elektrischen Stroms!

Mein Elektrizitätswerk produziert Gleichstrom (wie die Batterien in Spielzeugen), der durch unterirdische Leitungen läuft. Es ist ein teures System, das noch zu wünschen übrig lässt. Und die Konkurrenz schläft nicht! Andere Firmen ahmen meine Produkte einfach nach. Mein Konkurrent George Westinghouse benutzt ein System mit Wechselstrom. Den halte ich aber für gefährlich. Etwa zehn Jahre lang konkurrieren die beiden Systeme (Gleichstrom und Wechselstrom) miteinander. Nicht immer geht es ganz fair dabei zu – auch nicht von meiner Seite.

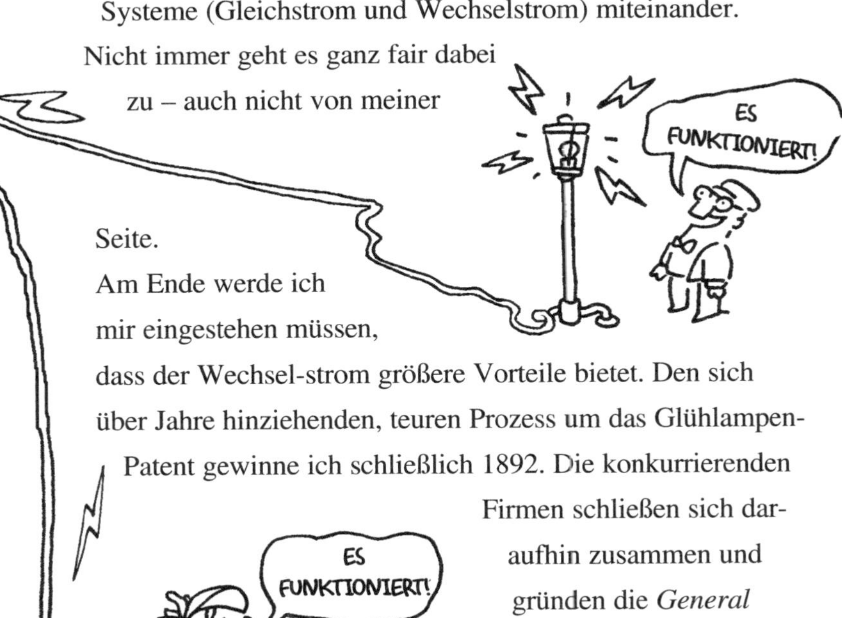

Am Ende werde ich mir eingestehen müssen, dass der Wechsel-strom größere Vorteile bietet. Den sich über Jahre hinziehenden, teuren Prozess um das Glühlampen-Patent gewinne ich schließlich 1892. Die konkurrierenden Firmen schließen sich daraufhin zusammen und gründen die *General Electric Company,* die noch zu eurer Zeit eine der größten Elektrofirmen der Erde ist.

Diese elektrische Tram (hergestellt von Siemens in Deutschland) ist in den 1880ern in mehreren Städten Europas in Betrieb.

Edison ahnt, welch große technische Umwälzungen in der Luft liegen. Doch niemand, auch er nicht, weiß, in welche Richtung die Entwicklung gehen und wie sehr sich das Leben der Menschen verändern wird.
Der Strom, der nunmehr in die Straßen und direkt in die Häuser geliefert wird, sorgt nicht nur für elektrisches Licht, sondern ermöglicht eine Reihe gänzlich unerwarteter Erfindungen: Ventilatoren, Kühlschränke, Grammophone, Waschmaschinen, Elektroherde und Aufzüge. Später kommen noch Radio, Fernsehen und schließlich auch Computer dazu.
Auch die Fabriken verändern sich: Die sperrigen Dampfmaschinen verschwinden und werden durch kleinere, praktischere Elektromotoren ersetzt.
All dies vollzieht sich wesentlich schneller als gedacht, angefangen mit dem Transportwesen, das sich in mehreren Teilen der Erde gleichzeitig entwickelt.

12. EIN PATENT FÜHRT ZUM NÄCHSTEN

Inmitten von Prozessen und Streitereien verliere ich aber keine Zeit. Allein im Jahr 1882 lege ich dem Patentamt fast 70 neue Erfindungen vor: Sie betreffen Beleuchtungsanlagen, elektrische Eisenbahnen und vieles mehr.

Auch mein Projekt zum Herausfiltern von Eisen aus Magneteisensteinsand mittels Magneten geht voran. Ich habe sehr viel Geld hineingesteckt. Hoffen wir, dass alles gut geht.

Inzwischen bin ich, ob es mir passt oder nicht, auch ein Geschäftsmann, der als Teilhaber an der Gründung von Elektrizitätswerken in den USA und in Europa beteiligt ist.

Eines befindet sich in Mailand in Italien, auf Englisch Milan, eine Stadt, die komischerweise denselben Namen hat wie das Städtchen, in dem ich geboren wurde.

Diese Gesellschaft beliefert viele Straßen im Zentrum und auch das Teatro alla Scala mit Strom. Auch hier tragen die ersten Straßenbahnen meinen Namen.

Leider stirbt am 9. August 1884 meine Frau Mary. Sie war mir eine treue Gefährtin in schweren Zeiten. Ich bin sehr betrübt, dass sie mich und unsere drei Kinder verlassen musste.

Währenddessen werde ich immer reicher. Angeblich bin ich längst Millionär. Doch alles, was ich verdiene, stecke ich gleich wieder in meine Firmen und Forschungen.

Ich gebe hunderten von Menschen Arbeit; Ingenieure, Direktoren, Angestellte und Arbeiter sind bei mir beschäftigt. Aber mein Lebensstil hat sich nicht geändert. Ich schlafe nach wie vor wenig und zu den unterschiedlichsten Zeiten.

Unter meinen Freunden befinden sich viele Geschäftsmänner und Millionäre, doch der Lebensstil der gehobenen New Yorker Gesellschaft liegt mir nicht. Wenn ich irgendwo eingeladen bin, bringe ich häufig mein Essen von zu Hause mit. Ich esse lieber das, was mir schmeckt, auch wenn es nicht so erlesen ist.

Das ist Henry Ford (1863–1947), zusammen mit seinem Sohn. Er ist einer der vielen Techniker, Direktoren und Ingenieure, die für Thomas Alva Edison arbeiten. Bei einem Arbeitsessen, bei dem sehr viele Präsidenten und Direktoren anwesend sind, wird auch über die Zukunft des Elektroautos gesprochen. Edison besitzt verschiedene Patente für die Herstellung von Elektrobatterien. Viele in der Firma sind der Ansicht, dass nach den öffentlichen Straßenbahnen bald auch die privaten Fuhrwerke ohne Pferde auskommen werden. Auch Henry Ford sitzt mit am Tisch, ein junger Mann, der große Pläne hat. Er hat ein Auto mit einem Benzinmotor gebaut, in dem er mit seiner Familie spazieren fährt. Edison bittet Ford zu sich, lässt sich das Ganze erzählen und ermutigt ihn: »Ein Viertaktmotor? Die Mischung explodiert durch einen Zündfunken? Du bist auf dem richtigen Weg, mach weiter so!«
Henry Ford lässt sich seinen Benzinmotor patentieren und gründet 1903 das erste große Automobilwerk der Welt, die Ford Motor Company.

13. EIN NEUES LEBEN, EINE NEUE LIEBE

Wir befinden uns im Jahr 1885. Bei einer Industriemesse in New Orleans habe ich eine entzückende junge Frau kennen gelernt, deren Vater – ebenfalls Erfinder – eine seiner Erfindungen ausstellte. Später treffe ich sie im Strandhaus meines Freundes und Kollegen Ezra T. Gillilands in der Nähe von Boston wieder.

Sie heißt Mina Miller und macht im Badeanzug eine tolle Figur. Sie ist 18 Jahre alt und hat gerade die Highschool beendet, was zu meiner Zeit für ein amerikanisches Mädchen ziemlich ungewöhnlich ist. Mina hat eine wunderschöne Stimme und hervorragende Manieren. Ganz im Gegensatz zu mir. Jedenfalls bin ich total begeistert von ihr.

Mina und ich treffen uns häufiger und mir ist jede Ausrede recht, sie zu sehen. Sogar meine Arbeit vernachlässige ich. Aber Mina ist immer von vielen Menschen umgeben. Deshalb habe ich ihr das Morse-Alphabet beigebracht. Wenn wir uns etwas mitteilen wollen, klopfen wir mit dem Finger.
Auf diese Weise frage ich sie auch, ob sie mich heiraten will. Und sie klopft »Ja!«. Ich schätze mich glücklich, denn sie ist wirklich eine außergewöhnliche Person.

Am 24. Februar 1886 heiraten wir unter einer Girlande von Rosen. Es wird die Hochzeit des Jahres. Wichtige Leute aus ganz Amerika reisen an. Ein Küchenchef und 20 Kellner aus Chicago zaubern ein fabelhaftes Festessen auf den Tisch.

Mina wird mir insgesamt drei Kinder schenken: Madeleine, Charles und Theodore. Sie kümmert sich um mich, unser Haus und unsere vielen gesellschaftlichen Verpflichtungen. Ich kann immer auf sie zählen, auch wenn nicht alles wie gewünscht läuft.

Das Laboratorium in Menlo Park schließe ich. Dafür lasse ich in West Orange, New Jersey, ein sehr modernes und fantastisch ausgestattetes Laboratorium erbauen.

Thomas Alva Edison hat die Angewohnheit, verdientes Geld gleich wieder in die Forschung und in neue Unternehmen zu investieren, obwohl es sich inzwischen um beeindruckende Summen handelt. In den 1880ern beginnt er mit ersten Versuchen zu einem sehr kostspieligen Projekt: Er will mit Magneten Eisen aus Ablagerungen und eisenhaltigem Sand herausfiltern. Das Projekt scheint seine Erwartungen anfangs zu erfüllen. Doch dann entpuppt es sich als Reinfall!

1899 muss Edison sein Bergwerk schließen. Das Unternehmen wird ein schwerer wirtschaftlicher Verlust. Er steht fast vor dem Ruin, denn in den vergangenen Jahren gab es eine Reihe schwerer Rückschläge für ihn: Viele seiner Erfindungen wurden nachgebaut oder unerlaubterweise abgewandelt. Allein um seine Patentansprüche geltend zu machen, gibt er im Laufe seines Lebens insgesamt über zwei Millionen Dollar für Anwälte und Prozesskosten aus, eine Summe, die damals dem Staatshaushalt ganzer Länder entspricht.

14. IN PARIS

Es ist August 1889. Ich reise mit meiner Frau Mina zur Weltausstellung in Paris. Wir stehen vor dem eigens erbauten Eiffelturm.

Der Turm ist ein technisches Wunderwerk. Er besteht komplett aus Eisen und ist 300 m hoch! Eine echte Sensation, aber stellt euch vor: Angeblich soll er nach der Ausstellung wieder abgebaut werden.

An einem eigenen Stand stelle ich meine Glühlampen samt aller Zubehörteile aus, zum Beispiel für die Stromzuleitung, außerdem Generatoren, ein Elektrofahrzeug, meinen Phonographen und so weiter …
Insgesamt kostet mich dieser Stand über 100.000 Dollar.

Ich kann kein Französisch, doch Abraham Archibald Anderson, ein genialer Maler, mit dem ich befreundet bin, begleitet mich zu allen Festen und anderen Anlässen und dolmetscht für mich.

Die Pariser Zeitungen widmen mir nicht die erhoffte Aufmerksamkeit, sondern bezeichnen mich schnöde als Geschäftemacher. Aber dafür ernennt mich die französische Regierung zum Kommandeur der Ehrenlegion.

Mein Besuch in Paris ist insgesamt gesehen ein riesiger Erfolg. Nach meiner Europareise entstehen viele Firmen, die meine Technologien nutzen und meinen Namen tragen.

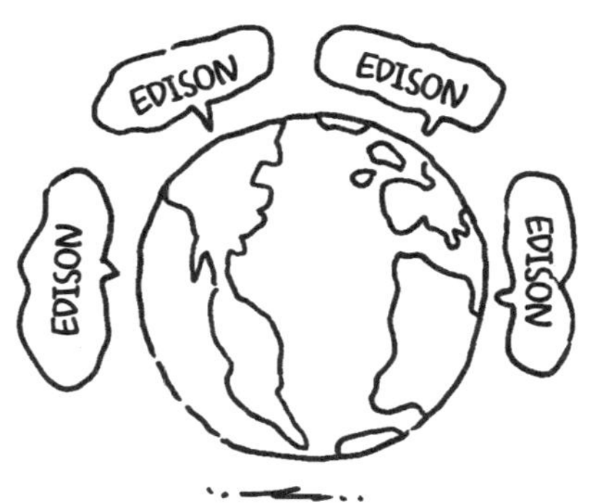

Ich habe auch Persönlichkeiten getroffen, die mit mir darin wetteifern, die Welt zu verändern, zum Beispiel den französischen Biologen Louis Pasteur oder den Deutschen Werner von Siemens.

Pasteur hat sich vorgenommen die Menschheit vor ansteckenden Krankheiten zu bewahren. Werner von Siemens ist wie ich ein großer Erfinder. Er hat vor zehn Jahren in Berlin das erste elektrische Schienenfahrzeug gebaut.

An Bord eines riesigen Überseedampfers reisen Al Edison und seine Gemahlin nach Amerika zurück. Im Hafen von New York werden sie von der Freiheitsstatue begrüßt. Diese Statue haben die Franzosen vor drei Jahren den Vereinigten Staaten geschenkt und sie wurde mit großem Pomp eingeweiht. Sie stammt von Gustave Eiffel (1832–1923), dem Erbauer des Eiffelturms, und besteht im Inneren aus einem Eisengerüst.

New York verändert sich in diesen Tagen auf erstaunliche Weise. Dank der Elektrizität können elektrische Aufzüge gebaut und folglich immer höhere Gebäude errichtet werden; die ersten Wolkenkratzer New Yorks schießen aus dem Boden.

15. DIE WEITERENTWICKLUNG DES PHONOGRAPHEN

Als ich aus Europa zurückkehre, habe ich den Kopf voller neuer Ideen. Ich muss mich beeilen, bevor andere mir zuvorkommen. Ich will zum Beispiel den Phonographen noch weiter verbessern. Obwohl ich eine Firma gegründet hatte, die sich speziell mit seiner Produktion beschäftigt, und obwohl er auf der Weltausstellung für Aufsehen gesorgt hat, halten viele ihn immer noch für eine Art Spielzeug, ähnlich wie meine sprechenden Puppen.
Okay, ich gestehe, die ersten Modelle sind etwas peinlich gewesen: Man musste ganz nah an die Walze gehen und in eine Öffnung singen oder sprechen, und das für jede Walze von neuem. Aber ich bin sicher, dass er eine Zukunft hat – als Diktiergerät, zum Musikhören oder auch, um Politiker sprechen zu hören.

Es gibt inzwischen auch neue Erfindungen, die mein Originalpatent in Gefahr bringen. Aber ich habe beschlossen die Herausforderung anzunehmen und mein Gerät entscheidend zu verbessern. Mein Modell von 1888 ist auch schon ganz ordentlich. Darauf baue ich nun auf.

Ich erfinde ein Verfahren zur industriellen Reproduktion von Phonographen-Walzen und lasse es sofort patentieren. In der Zukunft werden alle auf Wunsch Musik hören können … eine neue Ära bricht an!

So sieht mein Modell 1900 aus, ein Phonograph für den Hausgebrauch. Ich wette, dass Millionen von Menschen ihn haben wollen. Damit kann man Musik aufzeichnen und auch abhören.

Ich muss jedoch zugeben, dass die Sänger meinen Phonographen anfangs mit Skepsis betrachten. Einerseits fürchten sie ihn als Konkurrenz, zum anderen lehnen sie ihn ab, weil er nur eine kalte, leblose Maschine ist.

Es gibt aber definitiv einen Markt für Unterhaltungsmusik, das steht fest. Ich habe reißenden Absatz; Gott sei Dank gewöhnen sich nach und nach auch die Sänger an die neue Technologie und sind bereit, Walzen aufzunehmen.

Ich habe das Gefühl, dass der Musikindustrie eine große Zukunft bevorsteht.

Mit der Zeit setzt sich allerdings statt der Walze die Schallplatte durch, erfunden von dem deutschen Einwanderer Emil Berliner, der sein Gerät Grammophon nennt. Glaubt ihr etwa, dass ich mich geschlagen gebe? Von wegen! Als klar ist, dass der Schallplatte die Zukunft gehört, fange ich sofort mit der Produktion von (natürlich verbesserten) Schallplatten an!

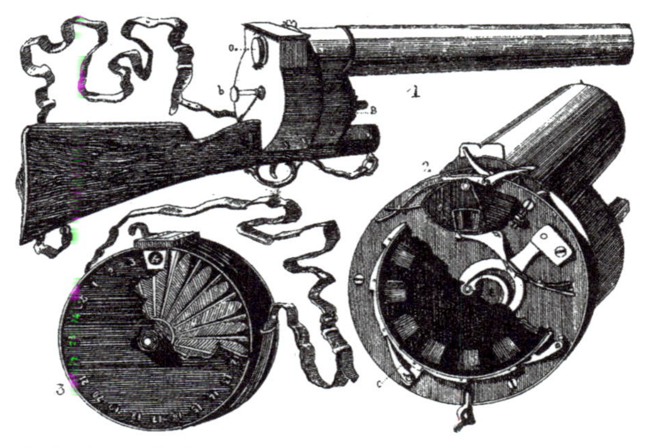

Parallel zum Phonographen arbeitet Edison an einer weiteren großartigen Idee. Die Saat dazu legt der Engländer Eadweard Muybridge (1830–1904), ein Pionier der bewegten Fotografie. Muybridge hat ein System erfunden, mit dem man Bewegungsabläufe auf eine Leinwand projizieren kann. Für seine Szenenfotografien hat er spezielle Kameras konstruiert; er arbeitet mit einem »fotografischen Gewehr« und mehrere Meter langen Filmrollen. Sein Lieblingsmotiv sind Tiere. Muybridge zeigt Edison seine Aufnahmen und bringt ihn auf die Idee, ein Gerät zu entwickeln, um Filme herzustellen. Anfangs ist Edison noch skeptisch, doch dann …

16. LADIES AND GENTLEMEN, HIER ... DAS KINO!

Hier noch eine tolle Erfindung: ein Vorführgerät, mit dem man bewegte Bilder anschauen kann. Sie heißt Kinetoskop. Ich habe die Idee zusammen mit meinem Assistenten William Dickson entwickelt und 1891 patentieren lassen, zusammen mit der dazugehörigen Aufnahmekamera, dem Kinetographen. Man wirft ein Geldstück in das Kinetoskop ein, schaut durch eine kleine Öffnung und ein Zelluloidfilm mit kleinen Löchern am Rand läuft ab. So kann der Zuschauer bewegte Szenen sehen.

Das Geniale daran sind die kleinen Löcher seitlich an der Filmrolle, die den Film blitzschnell weitertransportieren.

Das Kinetoskop wird ein riesiger Erfolg. In ganz Amerika schießen Kinetoskop-Säle wie Pilze aus dem Boden.

Doch schon nach kurzer Zeit bekomme ich ernsthafte Konkurrenz: Die Brüder Lumière haben den Kinematographen erfunden, ein kombiniertes Aufnahme- und Vorführgerät. Und die bewegten Bilder sind wesentlich eindrucksvoller als bei meinem Kinetoskop.

Vorgestellt haben sie ihr neues Gerät in Paris, im Keller eines Cafés, am 28. Dezember 1895. Damit kann man die Filme auf einer großen Leinwand mehreren Menschen auf einmal zeigen. Als ein Zug gezeigt wird, der gerade in den Bahnhof einläuft, springen viele Zuschauer erschrocken auf und rennen davon. Das ist der Beginn einer enormen Erfolgsgeschichte, die für mein Kinetoskop letztendlich das Ende bedeutet.

Aber ich gebe mich noch nicht geschlagen. Ich lasse mir das Patent auf eine neue Maschine geben, das Vitaskop, mit dem man gleichzeitig aufnehmen und abspielen kann. Und gleichzeitig werde ich zum Filmproduzenten.

Das Kino gefällt mir! Und was für einen tollen Film ich gedreht habe! »Der große Eisenbahnüberfall« wird ein Klassiker!

1912 werde ich den ersten Tonfilm produzieren.

Thomas Alva Edisons Forschungsgebiete werden immer vielfältiger, gehen über den Bereich der Elektrizität, der Kommunikation und der Unterhaltung hinaus. Im Bausektor erforscht er neue Anwendungsmöglichkeiten für Zement und neue Bauweisen wie Fertighäuser aus Beton. Er gründet mehrere Chemiewerke. Und er finanziert sogar botanische Forschungen, um herauszufinden, wie man in den USA Kautschuk anbauen kann …
Er ist zu einem der bekanntesten Menschen auf diesem Planeten geworden. Doch sein Glück als Erfinder gerät ins Wanken.

17. DAS ELEKTROAUTO

Es ist wahrlich nicht das erste Mal, dass ich ein Vermögen investiere und verliere, aber so schlimm wie dieses Mal bin ich noch nie auf die Nase gefallen.

Schon vor längerer Zeit habe ich eine wieder aufladbare Batterie (Akkumulator) patentieren lassen, die einen Elektromotor über einen längeren Zeitraum hinweg mit Strom versorgt. Ich verkaufe etliche davon für alle möglichen Zwecke. Ich habe sogar ein Verteilungsnetz zum Aufladen aufgebaut, speziell für Gebiete, in denen es noch keinen elektrischen Strom gibt.

Seit einiger Zeit hege ich einen noch ehrgeizigeren Plan: ein batteriebetriebenes Auto. Ganz ohne Drähte! Und ohne Schienen! Und das zu einem vernünftigen Preis.
Nun endlich bin ich so weit, die Produktion anlaufen zu lassen.

Nach vielen Rückschlägen verlassen im September 1910 zwei Elektroautos New York zu einer Promotionsfahrt. Ihre Fahrt soll symbolisch auf dem Mount Washington in New Hampshire enden.

Vor meinem geistigen Auge sehe ich bereits eine Welt, in der Millionen von Elektroautos herumflitzen. Und entlang der Straßen soll es tausende von Elektro-Tankstellen geben.

Doch diesmal bin ich nicht auf der richtigen Fährte. Mein früherer Angestellter und inzwischen guter Freund Henry Ford hat vor einigen Jahren sein Modell T auf den Markt gebracht. Nun hat er die Fließbandtechnik perfektioniert und kann so enorm preisgünstig produzieren. In seinen Autos ist eine meiner Batterien eingebaut, aber nur zum Anlassen des Motors … denn sein Modell T läuft mit Benzin.

Er wird Millionen von Autos produzieren, die auf Amerikas Straßen herumfahren und das Leben der Menschen entscheidend verändern werden.

Die Menschen gewöhnen sich rasch an diese Benzinautos und bald schon spricht kein Mensch mehr über meine Elektroautos. Ich schließe aber nicht aus, dass meine Idee irgendwann wieder aufgegriffen wird. Ich glaube sogar, dass sie zu eurer Zeit in manchen Großstädten schon gefördert wird, um der Luftverschmutzung entgegenzuwirken.

Die beiden Herren hier senden und empfangen gerade drahtlos telegrafische Signale. Möglich gemacht hat dies Guglielmo Marconi (1874–1937), ein junger Italiener, der sich mit Übertragung und Empfang von Radiowellen beschäftigt.
1897 schickt er das erste Radiosignal fünf Kilometer weit durch die Luft, 1901 funkt er über den Atlantik. Bei dieser Technik spielt der 1884 von Edison entdeckte und nach ihm benannte Edison-Effekt bei der Verstärkung der Signale eine große Rolle. Die Erfindungen zur Übertragung von Telegrammen über den Ozean waren gleichzeitig auch der Grundstein für die Entwicklung der Funktechnik und des modernen Radios.

1914 bricht in Europa der Erste Weltkrieg aus. Die USA sind ab 1917 beteiligt. Edison stellt seine Forschungen in den Dienst der Militärmarine seines Landes. Unter anderem entwickelt er ein sehr sensibles Mikrofon, mit dem man die Motorengeräusche feindlicher U-Boote auffangen kann. Körperlich ist er nicht mehr der Jüngste, doch sein Gehirn funktioniert noch blendend.

18. ENTSCHULDIGT, DASS ICH ALT WERDE

Ich bin jetzt häufig in meinem Haus in Fort Myers, Florida. Gleich nebenan wohnt mein Freund Henry Ford. Dass seine Benzinautos meine Elektroautos vernichtend geschlagen haben, hat unserer Freundschaft keinen Abbruch getan. Viele Winter arbeiten wir hier zusammen, plaudern und essen gemeinsam zu Abend. Natürlich bin ich auch in Florida nicht untätig. Ich arbeite fleißig weiter, auch wenn meine Frau manchmal schimpft.

Tag für Tag erhalte ich von meinen Firmen Berichte mit den neuesten Forschungsergebnissen. Freunde und Journalisten aus der ganzen Welt kommen zu Besuch – ich bin nämlich auch eine Art Volksheld.

Ich beschäftige mich neuerdings auch mit botanischen Forschungen: Ich züchte verschiedene Arten von Kautschukpflanzen und versuche sie an das nordamerikanische Klima anzupassen. Damit hoffe ich nicht mehr von Einfuhren aus Südostasien und Südamerika abhängig zu sein.

Die Jahre vergehen, Florida ist ein herrliches Fleckchen Erde mit einem angenehmen Klima, doch aus New York erreichen mich leider schlimme Nachrichten. Im Oktober 1929 gibt es an der Wall Street einen schweren Börsenkrach.

Millionen von Aktien sind plötzlich nichts mehr wert. Tausende von Banken schließen die Schalter, obwohl ihre Kunden davor Schlange stehen. Tausende von Fabriken müssen schließen. Es gibt Millionen von Arbeitslosen. Dutzende von Exmillionären stürzen sich aus den Fenstern ihrer New Yorker Büros in den Tod. Man spricht von einer »Weltwirtschaftskrise«.

Auch ich sehe mich gezwungen etliche meiner Fabriken und Forschungszentren zu schließen oder zu verkleinern. Allein schon der Gedanke ist ein Schock für mich. Ich bin zuckerkrank und soll mich eigentlich nicht aufregen. Der Arzt sagt, dass sich mein Magengeschwür dadurch noch verschlimmert. Ich kehre in mein Haus in West Orange zurück. Es liegt in der Nähe meiner Freunde und Firmen und zudem auch von New York, wo es die besten Ärzte gibt.

Thomas Alva Edison verlässt unsere Welt am 18. Oktober 1931, im Alter von 84 Jahren. Im Laufe seines Lebens hat sich sehr viel verändert. Als er stirbt, steckt die Welt mitten in einer schrecklichen Wirtschaftskrise, aus der Amerika wenig später jedoch erstarkt hervortreten wird.

Edison wird neben seinem Haus in West Orange, in New Jersey, beigesetzt. Ihm zu Ehren werden in den ganzen USA für einige Minuten alle Lichter ausgeschaltet.

Zwei Jahre zuvor konnte Edison den 50. Jahrestag der Erfindung der Glühlampe feiern.

Im Laufe seines Lebens hat Edison insgesamt 1.093 Patente eingereicht und zudem noch weitere zusammen mit anderen Forschern. Er hat einige der bedeutendsten Firmen der Welt gegründet. Vor allem aber hat er das Leben von Millionen von Menschen angenehmer und weniger anstrengend gemacht.

Wann immer wir zum Telefon greifen, eine Glühbirne einschrauben, eine CD hören, mit der U-Bahn fahren, den Fernseher anmachen oder ins Kino gehen – Edison hatte seine Finger mit im Spiel.
Sogar die Elektronik und die Computer-Technologie beruhen auf seiner Entdeckung, dem Edison-Effekt, auf den er in seinem Laboratorium in Menlo Park aufmerksam wurde.

Eines der wenigen Dinge, die er nicht getan hat, war es, seinen geplanten Sciencefiction-Roman »Fortschritt« zu schreiben. Dabei hätte es ihm sicher Spaß gemacht, die Zukunft vorherzusagen. Doch leider blieb ihm dafür nicht genügend Zeit.

KLEINES WÖRTERBUCH

AUFZUG

Die Vorgänger der heutigen Aufzüge wurden mit einer kohle- oder holzbeheizten Dampfmaschine betrieben. Sie fuhren ohne Halt, sodass man innerhalb von Sekunden ein- oder aussteigen musste. Erst mit elektrischem Strom und den Elektromotoren fanden Aufzüge eine größere Verbreitung und man konnte immer höhere Gebäude bauen.

AUTOMOBIL MIT BENZINMOTOR

Den ersten Benzinmotor entwickelte im Jahr 1862 der Deutsche Nikolaus August Otto (1832–1891); das erste (dreirädrige!) Automobil, das mit einem solchen Motor ausgestattet war, konstruierte ebenfalls ein Deutscher, der Ingenieur Karl Benz (1844–1929) im Jahr 1885. Aber erst mit dem Modell T von Henry Ford wurde der Traum vom eigenen Auto auch für die breite Masse wahr.

BATTERIE

Erfunden von dem italienischen Physiker Alessandro Volta (1745–1827) um 1800. Er entdeckte, dass elektrische Spannung entsteht, wenn man Kupfer- und Zinkplatten in Säure taucht. Zink gibt elektrisch geladene Teilchen ab, Kupfer nimmt sie auf. Verbindet man nun beide Platten, fließt ein Strom. Es war die erste Vorrichtung, mit der elektrische Energie erzeugt werden konnte.

BELL, ALEXANDER GRAHAM (1847–1922)

Er legte den Grundstein der Telefonindustrie. 1976 reichte er ein Patent für den ersten funktionstüchtigen Fernsprechapparat ein. Jahre später wurde die Urheberschaft für diese Erfindung jedoch Antonio Meucci (1808–1896) zuerkannt.

BENZINMOTOR

Auch Ottomotor genannt, nach seinem Erfinder Nikolaus August Otto (1832–1891). Es handelt sich um einen Verbrennungsmotor, in dem Benzin und Luft miteinander vermischt und anschließend komprimiert (verdichtet) werden. Dieses Gemisch wird dann durch einen elektrischen Funken (Zündkerze) entzündet. Die kleine Explosion drückt einen Kolben nach außen und wandelt so Wärmeenergie in Bewegungsenergie um.

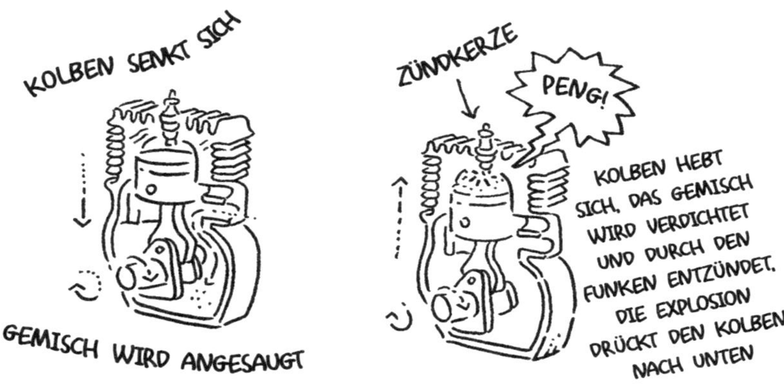

BOGENLAMPE

Die Bogenlampe ist Vorgängerin aller Glühlampen: Werden zwei Kohleelektroden (kleine leitende Stäbchen aus Kohle) an eine elektrische Energiequelle angeschlossen, brennt ein elektrischer Lichtbogen mit sehr hoher Leuchtkraft ab. Das Ganze war allerdings sehr gefährlich (der Lichtbogen ist sehr heiß, bis zu 3.000 °C) und konnte nicht sehr vielseitig eingesetzt werden, da die Kohlestäbchen schnell abgebrannt waren.

DAMPFMASCHINE

Sie wandelt Wärmeenergie in mechanische Arbeit um. Durch Erhitzen von Wasser in einem Kessel entsteht Dampf, dessen Überdruck einen Kolben in einem Zylinder hin- und herbewegt. Die erste brauchbare Dampfmaschine baute James Watt (1736–1819) im Jahre 1765. Die Erfindung der Dampfmaschinen legte den Grundstein für die industrielle Revolution.

DAVY, HUMPHRY (1778–1829)

Englischer Chemiker und Physiker, den Edison sehr schätzte. Er fand heraus, dass anorganische Stoffe, die man zuvor für untrennbar hielt, durch elektrischen Strom zerlegt werden können. Auf diese Weise entdeckte er die Elemente Bor, Natrium, Kalium, Barium, Magnesium, Strontium und Kalzium.

DRAHTLOSE TELEGRAFIE

Mithilfe von Radiowellen verschickte Botschaften. Erfunden wurde sie von Guglielmo Marconi (1874–1937). Unsere heutigen Handys sind die Nachfolger dieser ersten Anwendung, welche das »drahtlose« Versenden von Signalen in Form von kurzen und langen Impulsen vorsah. Die Seefahrt erkannte schnell die Wichtigkeit dieser Erfindung. Dank auf Schiffen installierter Funkgeräte konnten tausende von Menschenleben gerettet werden.

EDISON-EFFEKT

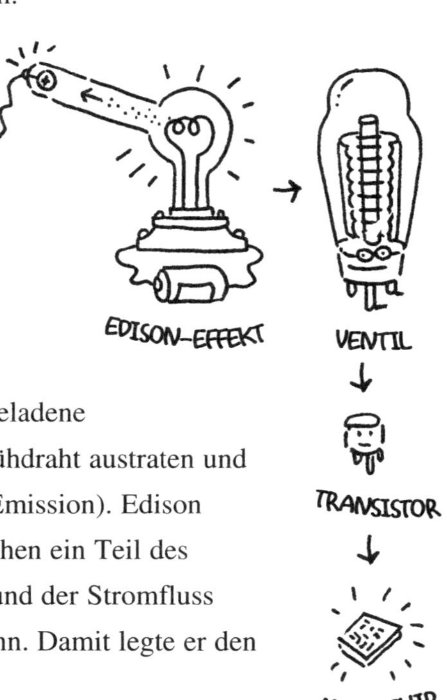

Auch Edison-Richardson-Effekt. Ein Phänomen, das Edison 1883 entdeckte. Er stellte fest, dass in seinen Glühlampen bei sehr hohen Temperaturen negativ geladene Elementarteilchen aus dem Glühdraht austraten und ins Vakuum gelangten (Glüh-Emission). Edison erkannte, dass mit diesen Teilchen ein Teil des fließenden Stroms umgeleitet und der Stromfluss elektrisch gesteuert werden kann. Damit legte er den

Grundstein für die Elektronik, in der bevorzugt diese elektrische Steuerung verwendet wird. Viele spätere Erfindungen, wie die Elektronenröhre (1904), basieren auf dem Edison-Effekt. Mit ihrer Erfindung war es bald möglich, komplexe elektronische Geräte wie bessere Radios und die ersten Fernseher und Computer zu bauen.
Später wurde die Elektronenröhre durch neue elektronische Bauteile ersetzt.

ELEKTRISCHE ENERGIE

Energie ist die einem Körper innewohnende Fähigkeit, Arbeit zu verrichten. Elektrische Energie kann gut auch über große Entfernungen übertragen werden und ist in andere Energieformen umwandelbar.

ELEKTRISCHER STROM

Die Bewegung elektrisch geladener Teilchen in einem Leiter. Es gibt Gleich- und Wechselstrom. Gleichstrom fließt ständig in die gleiche Richtung (im Gegensatz zum Wechselstrom). Batterien und Akkumulatoren erzeugen Gleichstrom, genau wie die ersten Generatoren, die Edison gebaut hat. Der Strom für die ersten Telegrafen wurde aus chemischen Reaktionen in Batterien gewonnen.

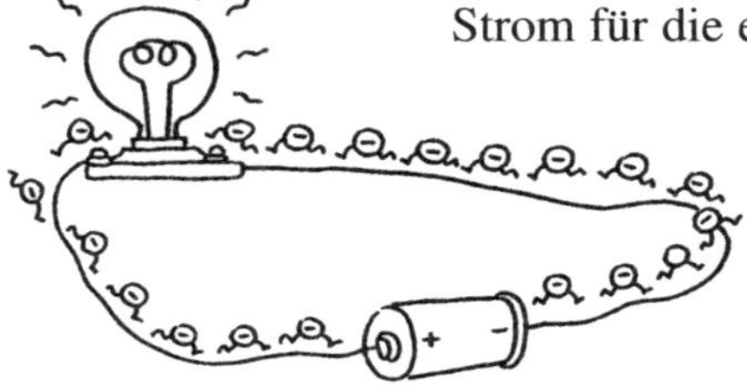

ELEKTRIZITÄTSWERK

Industrieanlage, in der Elektrizität erzeugt wird. Hier wird mechanische Energie in elektrische Energie umgewandelt. Die mechanische Energie stammt von Dampfturbinen oder Wasserkraftanlagen.

ELEKTROAUTO

Gebaut von Edison und 1910 in New York vorgestellt. Es konnte bis zu 160 km weit fahren, ehe man Strom »nachtanken« musste. Betrieben wurde es mit wieder aufladbaren Batterien (Akkus); ein Netz von Strom-Tankstellen entlang der Straßen war vorgesehen.

ELEKTROMOTOR

Er wandelt elektrische Energie in Bewegungsenergie um. Hier ein einfacher Gleichstrommotor wie der von Edison. Das Äußere des Motors ist ein fester Magnet, der im Inneren ein konstantes Magnetfeld erzeugt. Wenn durch den Leiter, der auf den Kern des Motors gewickelt ist, nun Strom fließt, wird dieser Kern selbst zu einem Magneten. Die Magnete stoßen sich ab oder ziehen sich an, sodass sich der Kern dreht. Es entsteht mechanische Energie.

FERNSEHEN

Aufgezeichnete Bilder und Töne werden in elektrische Signale zerlegt, die dann im Fernsehapparat wieder zusammengesetzt werden. Fernsehen funktioniert nur dank einer Reihe von Erfindungen, die erst nach

Entdeckung des Edison-Effekts möglich waren. Ab 1935 wurde in Deutschland das erste regelmäßige Fernsehprogramm der Welt ausgestrahlt.

FERRARIS, GALILEO (1847–1897)

Italienischer Wissenschaftler, der 1885 entdeckte, dass in festen Spulen, die mit Wechselstrom gespeist werden, ein rotierendes Magnetfeld entsteht. So konnte erstmals auch Wechselstrom in mechanische Energie umgewandelt werden. Das rotierende Magnetfeld wird dann genutzt, um die Bewegung des Motorenkerns zu erzeugen. Unabhängig von Ferraris und noch im selben Jahr hat dies auch Nikola Tesla (1856–1943) entdeckt.

FORD, HENRY (1863–1947)

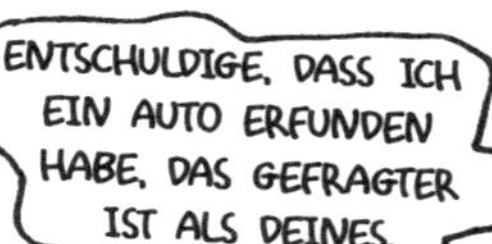

Amerikanischer Industrieller und Erfinder. Er konstruierte Kraftwagen mit Benzinmotor und gründete 1903 die *Ford Motor Company*. Bekannt ist er auch besonders für die Einführung der Serienherstellung am Fließband. Damit machte er das Auto für die breite Masse erschwinglich. Sein Modell T wurde 15 Millionen Mal verkauft. Hier sieht man ihn zusammen mit seinem Freund Edison.

FORSCHERTEAM

Edison praktizierte in seinen Betrieben von Anfang an, schon in Menlo Park, Gruppenforschung. Tag für Tag übertrug er seinen Mitarbeiterteams bestimmte Aufgaben und wollte dann am Abend die Ergebnisse hören.

GENERATOR

(wörtlich: Erzeuger) Eine elektrische Maschine, die Bewegung (mechanische Energie) in elektrische Energie umwandelt. Der bekannteste Generator ist wohl der Dynamo am Fahrrad, der die Lampe leuchten lässt. Die Generatoren in Elektrizitätswerken sind natürlich sehr viel größer und leistungsfähiger.

GLEICHSTROM

Im einfachsten Fall ist das ein zeitlich konstanter Strom von Ladungsträgern in eine Richtung. Gleichstrom wird hauptsächlich von Batterien, Akkumulatoren, Solaranlagen und Brennstoffzellen erzeugt.

GLÜHLAMPE

Erfunden von Thomas Alva Edison im Jahr 1879. Erfinder oder andere Menschen, die einen Geistesblitz haben, werden seither in Comics gerne mit einer brennenden Glühbirne über dem Kopf gezeichnet.

KAUTSCHUK

Milchsaft (Latex) des tropischen Kautschukbaums. Für zahlreiche industrielle Zwecke nutzbar, hauptsächlich für die Produktion von Autoreifen. Ab 1930 setzte die Produktion von synthetischem Gummi (Elastomeren) aus Erdöl ein.

KINEMATOGRAPH

Gerät zur Aufnahme und Wiedergabe bewegter Bilder, eine Erfindung, der wir unsere heutigen Kinos verdanken. Die erste öffentliche Vorführung fand im Jahr 1895 durch die französischen Brüder Auguste und Louis Lumière statt. Die Bilder wurden auf einer Filmrolle am Projektor vorbeigeschoben und mittels einer Lichtquelle auf eine Leinwand projiziert. Der Film war seitlich gelocht, genau wie jener in Edisons Kinetoskop.

KINETOSKOP

Edison ließ dieses Gerät 1891 patentieren. Durch ein Guckloch konnte man sich damit kurze Filme anschauen.

KÜHLSCHRANK

Erfunden von dem Deutschen Carl von Linde (1842–1934) im Jahr 1876. Durch einen Flüssigkeitskreislauf wird dem Kühlschrank im Inneren Wärme entzogen und nach außen abgegeben.

MARCONI, GUGLIELMO (1874–1937)

Italienischer Funktechniker. Er experimentierte mit elektromagnetischen Wellen, die Heinrich Hertz 1888 entdeckt hatte, und sendete als Erster Funksignale. Ihm verdanken wir die Erfindung der Radioübertragung.

MARY ANN MIT DER LANGEN TAILLE

Dynamo, den Edison im Menlo Park gebaut und nach einer schönen Besucherin benannt hat.

MENLO PARK

Dieses große Laboratorium befand sich in New Jersey, wurde nach einigen Jahren jedoch aufgegeben und verfiel. Henry Ford baute es in Dearbirn in Michigan als eine Art Museum und Park komplett wieder auf. Es ist im Internet zu besichtigen unter: http://www.hfmgv.org/exhibits/edison/.

MORSE, SAMUEL FINLEY BREESE (1791–1872)

Amerikanischer Maler und Erfinder, geboren in Massachusetts. Er entwickelte ab 1837 den ersten elektromagnetischen Schreibtelegraphen. Nach ihm ist auch der Morsecode benannt.

MORSECODE

Jeder Buchstabe und jede Zahl werden durch eine genau festgelegte Abfolge von Punkten und Strichen dargestellt, sprich!: durch kurze und lange Impulse.
Heute wird er nur noch von wenigen Amateurfunkern benutzt.

A ·–	J ·–––	S ···	1 ·––––
B –···	K –·–	T –	2 ··–––
C –·–·	L ·–··	U ··–	3 ···––
D –··	M ––	V ···–	4 ····–
E ·	N –·	W ·––	5 ·····
F ··–·	O –––	X –··–	6 –····
G ––·	P ·––·	Y –·––	7 ––···
H ····	Q ––·–	Z ––··	8 –––··
I ··	R ·–·		9 ––––·
			0 –––––

OPTISCHE TELEGRAFIE

Vorläufer der elektrischen Telegrafie. Sie arbeiteten mit optischen Signalen, die von Telegraf zu Telegraf weitergegeben wurden, wie Blink- oder Winkzeichen. Erfunden wurde diese Art der Telegrafie von Claude Chappe um 1791. Er benutzte einen »Flügeltelegrafen« mit schwenkbaren Armen.

PATENT

Wenn man eine Erfindung dem Patentamt vorlegt und prüfen lässt, erhält man ein Patent, aber nur wenn feststeht, dass die Idee neu ist. Ist eine Erfindung durch ein Patent geschützt, können andere sie nicht ohne Erlaubnis des Erfinders nachahmen. Ein großer Teil aller Patente beziehen sich auf Verbesserungen, die einer vorhergehenden Erfindung hinzugefügt wurden.

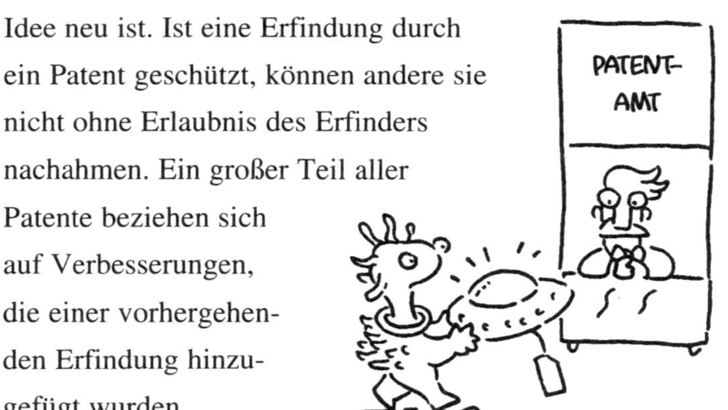

RADIO

Ein Gerät zum Empfangen von Hörfunksendungen. Elektromagnetische Wellen werden von einem Sender ausgestrahlt und von einem Empfängergerät in Schall umgewandelt. Die notwendigen technischen Grundlagen wurden von Nikola Tesla

(1856–1943) Ende des 19. Jahrhunderts erfunden. Aus unserer heutigen Welt ist das Radio nicht wegzudenken.

SCHREIBMASCHINE

Die Schreibmaschine war eigentlich nicht Edisons Erfindung. Das ursprüngliche Modell wurde zu ihm gebracht, weil es zu primitiv und nicht wirklich verwendbar war. Edison fügte ein paar entscheidende mechanische Verbesserungen hinzu und so entstand ein praktisches, kommerziell nutzbares Gerät.

SIEMENS, WERNER VON (1816–1892)

Deutscher Industrieller und Erfinder. Er war Pionier der Telegrafie und der praktischen Anwendung der Elektrizität. Er gründete eine große internationale Firma, die noch heute seinen Namen trägt. Er gilt als Begründer der Elektrotechnik.

SOLARKRAFTWERK

In einem Solarkraftwerk wird Sonnenenergie in Elektrizität umgewandelt. Diese Art der Stromerzeugung ist sehr umweltfreundlich, denn es werden weder fossile Brennstoffe verbraucht, noch entstehen schädliche Gase.

SPRECHENDE PUPPEN

Nach Erfindung des Phonographen, der ersten sprechenden Maschine, stellte Edison nach demselben Prinzip sprechende Puppen her, die sich recht gut verkauften.

STIMMENZÄHLER

Von Edison erfundenes Gerät, mit dem man bei einer Abstimmung im Kongress blitzschnell die abgegebenen Stimmen zählen konnte. Die Politiker seiner Zeit waren jedoch alles andere als begeistert!

STRASSENBAHN

Heute elektrisch betriebenes Verkehrsmittel auf Schienen für den öffentlichen Personenverkehr. Die ersten Straßenbahnen wurden noch von Pferden gezogen, die später durch Elektromotoren ersetzt wurden. Der Betriebsstrom (Gleichstrom) wird mit einem Stromabnehmer der überirdischen Leitung entnommen.

STROMKREIS

Ein zum Kreis geschlossenes Leitungssystem, durch das elektrischer Strom fließt. Auf diesem Prinzip beruhen Stromleitungen, mit denen Strom in alle Stadtviertel und alle Räume eines Hauses geleitet werden kann.

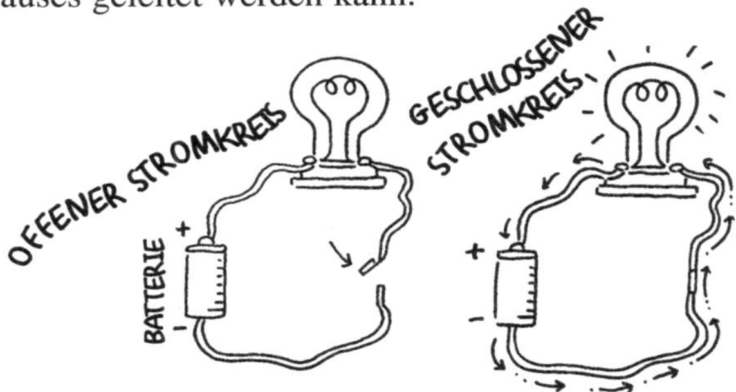

STROMLEITER

Material, das Strom weiterleitet. Kupferdrähte sind ideale Leiter. Auch Leitungswasser und sogar der menschliche Körper können Strom leiten. Das kann aber tödlich sein, darum sollte man die Finger von elektrischen Leitungen lassen.

TELEGRAFIE

Im 19. Jahrhundert die einzige Möglichkeit zur Kommunikation über weite Strecken. Elektrische Drähte verbanden verschiedene Städte und dank Verlegung von Seekabeln auch verschiedene Kontinente. Elektrische Impulse in den Leitungen vermittelten Nachrichten.

TESLA, NIKOLA (1856-1943)

Serbischer Elektrotechniker, der 1877 in die USA auswanderte. Er arbeitete einige Zeit für Edison, gründete aber später sein eigenes Forschungslabor. Er lieferte einen bedeutenden Beitrag zur Wechsel-stromforschung und erfand unabhängig von anderen den Drehstrommotor, so wie er noch heute verwendet wird. Er entwarf das erste ferngesteuerte Schiff und träumte davon, elektrischen Strom, genau so wie Nachrichten, ohne Kabel durch die Luft übertragen zu können. Dank seiner Forschungen konnte das Radio entwickelt werden, als dessen Erfinder er gilt.

TRANSFORMATOR

(auch Trafo oder Umspanner) Gerät zur Umwandlung einer hohen Spannung auf eine niedere Spannung oder umgekehrt.

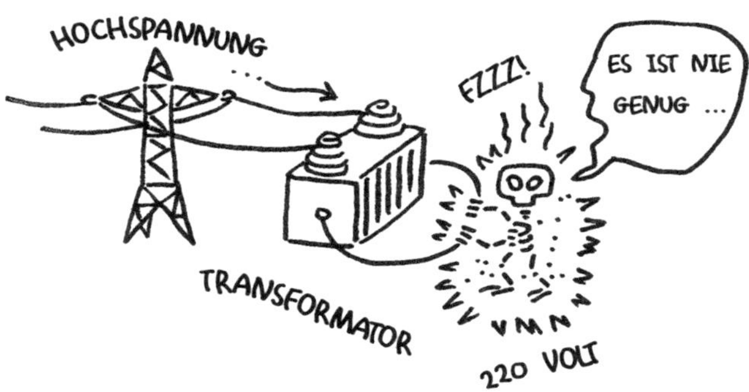

VOLTA, ALESSANDRO (1745–1827)

Erfinder der Batterie (voltasche Säule). Die Maßeinheit Volt des elektrischen Stroms (Spannung) wurde nach ihm benannt.

WASSERKRAFTWERK

Kraftwerk, das die potenzielle Energie aufgestauten Wassers (z. B. in Staudämmen) zur Energiegewinnung nutzt. Das herabfließende Wasser wird durch eine Turbine geleitet und seine mechanische Energie dabei von einem Generator in elektrische Energie umgewandelt.

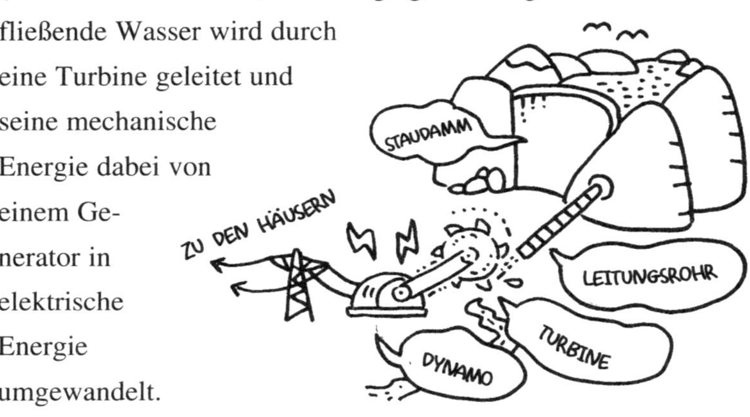

WECHSELSTROM

Elektrischer Strom, in dem sich die Flussrichtung der Ladungsträger (Elektronen) sehr rasch periodisch verändert und der über große Entfernungen mit sehr geringen Verlusten übertragen werden kann (im Gegensatz zum Gleichstrom). Erzeugt wird er in so genannten »Alternatoren«. Wechselstrom ist der gebräuchlichste Strom in Privathaushalten.

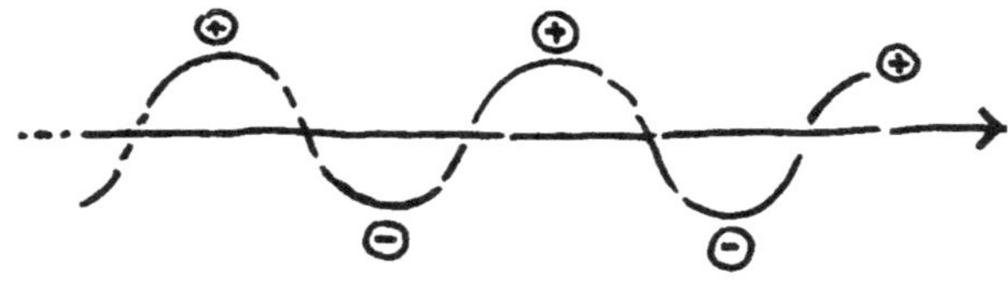

WELTWIRTSCHAFTSKRISE

Schwer wiegende Wirtschaftskrise, die 1929 von den USA ausging. Sie hatte negative Auswirkungen auf Industrie und Landwirtschaft, die sich weltweit niederschlugen.

WIEDER AUFLADBARE BATTERIE

Auch »Akkumulator« genannt. Sie speichert elektrische Energie in chemischer Form, ist eine Quelle elektrischer Energie und – wie ihr Name schon sagt – wieder aufladbar. Die ersten »Akkus« stellte der Franzose R. L. G. Planté (1834–1889) 1859 her. Edison verbesserte sie entscheidend und ließ verschiedene Modelle patentieren.

YANKEE

Spitzname für die Bewohner Neuenglands, die Nachfahren der ersten Siedler in Nordamerika. Später, im Sezessionskrieg, wurden mit diesem Begriff die Nordstaatler bezeichnet. Heute bezeichnet er in Europa alle Bewohner der USA und alles, was typisch amerikanisch ist.

DAS GEHEIMNIS EINES GENIES? 1 % INSPIRATION UND 99 % TRANSPIRATION*
* SCHWITZEN

INHALTSANGABE

LUCA NOVELLI,

Autor und Illustrator, ist der Verfasser zahlreicher Bücher über Naturwissenschaften und Natur, die in viele Sprachen übersetzt wurden. Er arbeitet als wissenschaftlicher Berater für die RAI, das staatliche italienische Fernsehen, und leitete zehn Jahre lang eine Zeitschrift für Grafik und Design. Für die Reihe »Lebendige Biographien« erhielt er 2004 den italienischen Andersen-Preis als bester populärwissenschaftlicher Autor.

ARENA BIBLIOTHEK DES WISSENS

Leonardo da Vinci, der Zeichner der Zukunft
978-3-401-05940-2

Archimedes und der Hebel der Welt
978-3-401-05744-6

Stephen Hawking und das Geheimnis der Schwarzen Löcher
978-3-401-60516-6

Einstein und die Zeitmaschinen
978-3-401-05743-9

Marie Curie und das Rätsel der Atome
978-3-401-06214-3

Caesar und die Fäden der Macht
978-3-401-05979-2

ARENA BIBLIOTHEK DES WISSENS

978-3-401-06831-2

978-3-401-60424-4

978-3-401-60391-9

978-3-401-60164-9

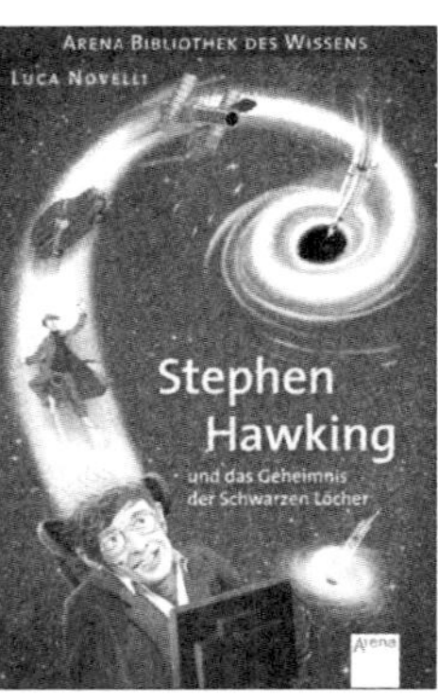

978-3-401-60516-6

978-3-401-05741-5

Arena

Jeder Band:
Klappenbroschur
www.arena-verlag.de